Mingo Merzdorf

Ich habe die Weite so gern

Lebenserinnerungen

Mingo Merzdorf

Ich habe die Weite so gern
Lebenserinnerungen

ISBN 13: 978-3-935110-26-6

Herausgegeben von:	Holger Greinus, Verlag Edition Vitalis, Aachen
Text nach Erzählungen von:	Mingo Merzdorf
Illustrationen von:	Mingo Merzdorf
Fotografien von:	Herbert Merzdorf †
Umschlaggestaltung:	Holger Greinus, Aachen
Lektorat:	Andrea Bernhard, Aachen
Druck & Bindung:	Druckerei Mails & More, A-3411 Judenau

Ich habe die Weite so gern

Lebenserinnerungen

von Mingo Merzdorf

1. Die Familie meines Vaters

Kurz bevor Napoleon nach Osten marschierte, kamen drei Brüder mit Namen Küchen nach Aachen. Zwei haben sich auf die Eisenindustrie geworfen und einer auf die Lederindustrie. Alle drei hatten den Trieb, sich Frauen von auswärts zu nehmen. Ich habe eine Urgroßmutter, die aus Den Haag kommt, und eine andere, die aus Oslo stammt. Dann hat ein Küchen wieder drei Söhne gehabt, von denen einer noch lange in der Robensstraße eine Kunstschmiede betrieb. Ein anderer ist Glockengießer geworden, das war mein Großvater. Er heiratete eine Holländerin. Sie hatten zusammen vier Töchter und einen Sohn, der später mein Vater wurde. Er ist an einem Sonntag im August 1887 geboren, dem Jahr, in dem Aachen Großstadt wurde. Als mein Vater zwölf Jahre alt war, starb sein Vater. Schon vorher war er ewig unterwegs und selten daheim. Er musste in seinem Beruf weit reisen und hat bis hinunter nach Mailand Glocken gegossen.

Auch in einer Aachener Kirche hängen Glocken von ihm. Eines Tages nahm mich mein Vater an die Hand und ging mit mir in die Redemptoristenkirche an der Lothringer Straße. Weil das Dachgestühl erneuert werden musste, waren die Glocken abgehangen und auf einem großen Brett vor dem Altar ausgestellt. Daneben stand ein Becherchen. Wenn man die Glocke einmal anschlagen wollte, musste man 5 oder 10 Pfennig hineintun. Alle drei Glocken hatten ein Band rundherum eingebrannt, auf dem eine Inschrift stand. Die musste ich meinem Vater vorlesen. „Gegossen am soundsovielten achtzehnhundertsoundsoviel, Leonard

Küchen." Da war ich schwer stolz auf meinen Opa, den ich ja nie kennen gelernt hatte.

Als kleiner Junge war mein Vater wohl ein echter Lausbub. Er brachte alles mit nach Hause, was sich bewegte: Maikäfer, Spinnen, Frösche. Seine Blindschleiche versteckte er unter dem Kopfkissen, nahm sie in der Hosentasche mit zur Schule, fütterte sie und liebte sie heiß und innig. Bis seine Mutter dem ein Ende setzte. Als er dann größer wurde, nahm auch die Größe der Tiere zu. Mäuse, Igel, Krähen, und weil das auch noch unter „Unerlaubtes" fiel, schließlich Hunde. Er brachte kranke Hunde mit und päppelte sie wieder auf. Mit seinem Freund Leo Dillschneider besorgten sie sich Leine und Halsband. Die Schwester Luise stiftete diverse Haarschleifen dazu. So zurechtgeputzt ging sie mit den wieder gesunden Hunden spazieren und suchte neue „Herrchen" oder „Frauchen" für die Tiere. Sie sollen sehr erfolgreich gewesen sein.

Mein Vater ist in eine Sattlerei eingetreten, weil seine Mutter das wollte. Er sollte ein Handwerk lernen, und er sollte Kaufmann werden. Damals durften die Kinder noch nicht tun, was sie wollten, sie mussten tun, was die Eltern sagten. Aber eigentlich wäre er schrecklich gerne Schauspieler geworden. Er hatte hier in Aachen eine erste große Liebe, ein Fräulein Frühlingsdorf, die gab Schauspielunterricht. Da ist er so gerne hingegangen. Als er sechzehn war, ist seine Mutter gestorben. Die älteste Schwester war gerade erst zwanzig. Nun sollten alle fünf Kinder in ein Waisenhaus kommen, denn keines von ihnen war volljährig. Schnell heiratete die zweite Schwester jemanden, der schon immer hinter ihr her war. Den wollte sie zwar eigentlich gar nicht, aber so konnte sie eine Familie gründen und die Geschwister zu sich holen. Mein Vater und die kleineren Schwestern, die vierzehn und zwölf Jahre alt waren, sind so vor dem Waisenhaus bewahrt worden. Die beiden ältesten Schwestern sind dann ihr ganzes Leben zusammengeblieben. Der Onkel hat im ersten Weltkrieg eine Lunge verloren. Die beiden Schwestern hatten ein Zigarrengeschäft auf der Jülicher Straße, nahe dem Hansemannplatz. Sie haben sich alle drei über

Franz Küchen, geb. 1887

Wasser gehalten. Mein Vater hat sich einen Agenten gesucht und hat eines Tages ein Engagement nach Potsdam ans Landestheater bekommen. Da ist er zwei Jahre gewesen, und es lief gut für ihn. Damals hatten die Theater nicht ein Ensemble für Dramen und eines für Lustspiele. Es gab nur ein Ensemble für Oper und Operette. Oder man war an einer sehr großen Bühne, wie in Berlin. Aber in den kleineren Theatern mussten die Schauspieler alles können. Deshalb kamen auch gerne die Theateragenten an diese kleinen Bühnen, um sich neue Talente zu suchen. So hat hier in Aachen der Willi Birgel mal klein angefangen, ebenso der Werner Kraus und Peter Raabe.

Im Sommer hatten die Schauspieler an den kleinen Bühnen Schwierigkeiten, denn sie hatten in der Regel nur ein
Engagement für den Winter. Sie mussten also sehen, dass
sie an irgendein Sommertheater kamen. Eines Tages hatte
der Agent meines Vaters gesagt, er hätte etwas für ihn in
Gießen. Da war er zwar nicht begeistert, aber es war halt
etwas, um den Sommer zu überbrücken.

2. Die Familie meiner Mutter

Meine Mutter stammt aus einer Familie, die überhaupt
nichts mit Handwerk zu tun hatte. Der Urgroßvater war
ein Rechtsanwalt in Wien, der bei der österreichischen
K.u.K.-Monarchie groß geworden war. Auf seinen Reisen
kam er eines Tages durch ein kleines Kaff, in dem ein rie-
sengroßes Hotel stand. Das war in dem Gebiet der damaligen deutsch-russisch-österreichischen Grenze, im heutigen Polen. Hier gab es eine Zollstation, und die Züge
mussten dort halten. Weil es unterschiedliche Schienen-
systeme gab, mussten die Reisenden umsteigen. Wer damals aus Russland kam, musste Geld haben, sonst konnte er nicht reisen. So ließ sich mit einem Hotel gutes Geld
verdienen, denn die Anschlusszüge gingen noch nicht so
reibungslos, wie es heute üblich ist. Und vor allem ließ
sich mit dem Mittagessen im Restaurant einiges verdienen,
weil es sonst weit und breit nichts anderes für hungrige
Reisende gab.
Mein Urgroßvater, der Inhaber dieses Hotels, hatte sieben
schöne Töchter und zwei Söhne, die in Wien Rechtsan-

wälte wurden. Die Töchter hatte er durch die Kontakte im Hotel in alle Welt verheiratet. Eine lebte in Budapest, eine in Berlin, eine in Krakau, eine weitere in San Remo und eine andere sogar in Übersee. Der jüngsten Tochter hatte er das Hotel überlassen. Sie heiratete einen Rechtsanwalt aus Wien. Zusammen führten sie das Hotel. Es ist wunderbar gegangen mit den beiden. Sie hatten nur eine Tochter, die später meine Mutter wurde. Sie sollte von Anfang an dazu erzogen werden, einmal das Hotel zu übernehmen. Das wurde schon früh festgelegt. Dazu müsste sie viele Sprachen sprechen und anständiges Kochen und gute Umgangsformen lernen. Eben alles, was zur Jahrhundertwende eine Tochter aus gutem Hause zu lernen hatte. Deshalb haben sie sie mit vier Jahren zu der ersten Tante nach Budapest gesteckt. Da ging sie zur Schule, bis sie fließend Ungarisch konnte. Weil sie eine polnische Amme Zuhause gehabt hatte, sprach sie mit sechs Jahren schon drei Sprachen. Sie war ein ausgesprochenes Naturtalent. Damit sie die deutsche Sprache auch richtig schreiben lernte, kam sie in ein Internat nach Breslau in die Nähe einer anderen Verwandten. Später dann kam sie nach Lausanne um auch Französisch und Englisch zu lernen. Während sie in Lausanne war, hatte der Großvater einen Herzinfarkt bekommen. Jetzt wurde sie nach Hause dirigiert. Da war sie knapp achtzehn. Volljährig war man damals in Österreich erst mit vierundzwanzig, in Deutschland schon mit einundzwanzig.

Eines Tages stand die Großmutter oben an der Treppe, als der Oberkellner ihr von unten zurief: „Frau Herlinger, wir haben ein Telegramm bekommen!" Die Großmutter dachte, es seien Gäste, die sich ankündigten, und rief herunter: „Dann machen Sie es auf und lesen Sie es mal vor." Dann las er vor, dass der Großvater tot war. Sie fiel in Ohnmacht, wie die Damen früher öfter mal in Ohnmacht fielen, wenn sie keine Luft bekamen, so verschnürt wie sie waren. Dann ist sie die Treppe heruntergestürzt und hat sich die Wirbelsäule gebrochen und war von dem Tag an querschnittsgelähmt. So verlor meine Mutter praktisch an einem Tag beide Eltern.

Tante Lina, die älteste Schwester der Großmutter, hatte einen Adligen geheiratet, einen edlen Ritter von Nechei, auf und zu Telseis. Der wohnte ganz in der Nähe und übernahm die Vormundschaft. Damit sie in seinen Augen einen vernünftigen Namen hätte, wurde sie von ihm auch noch adoptiert. Sie sollte nun diesen riesigen Betrieb mit allem Personal führen, aber das wollte sie nicht. Sie sagte immer: „Später." Sie wollte lieber Klavier spielen. Schon im Internat hatte man ihr, da sie so leidenschaftlich übte, das Klavier stumm gestellt, weil die Mitschülerinnen sonst verrückt geworden wären von dem vielen Üben. Sie wollte nun gerne bei der Wiener Familie wohnen und weiter Klavierunterricht haben und dazu Gesangsunterricht nehmen. Da das einer Dame angemessen war, genehmigte es ihr Vormund.

Sie zog nach Wien zu der Familie väterlicherseits und hatte, ohne dass die das wussten, zusätzlich Schauspielunterricht und Tanzstunden genommen. Als sie zweiundzwanzig war, kam sie nach Hause und stellte ihre Mutter vor die Tatsache, dass sie ein Engagement in Memel hatte. Sie war willensstark und setzte das durch. Weil eine Tante in Eydkuhnen lebte, und man dachte, dass sie nicht so weit weg davon ist und man sie noch unter Kontrolle hätte, wurde es dann genehmigt. Die Großmutter dachte: „Das kriegt die noch leid." Sie haben ihr von Zuhause aus nur eine sehr geringe Unterstützung zukommen lassen, um das noch zu verstärken. Die Schauspieler bekamen ja nicht viel. So musste sie mit sehr wenig Geld auskommen, durfte aber an einem Theater spielen.

Lydia Hervé, geb. 1891

Von dort aus sollte sie an ein Sommertheater, wie es damals üblich war. Sie bekam ein Engagement nach Gießen. Kurz bevor sie nach Gießen fahren wollte, bekommt sie von ihrem Agenten ein Schreiben, dass in Schweidnitz bei Breslau eine erste Souprette gesucht wurde, und sie war ja Souprette. Ich glaube, dieses Fach gibt es heute gar nicht mehr, und auch damals war es schon selten. Sie entschied sich kurzfristig um, weil sie Schweidnitz mehr reizte. Außerdem war es nicht so weit weg von Zuhause und ließ sich bestimmt mit einem Besuch bei ihrer Mutter verbinden.

3. Die Begegnung meiner Eltern

Mein Vater bekam zur gleichen Zeit ein Schreiben von seinem Agenten, dass er eigentlich noch etwas Besseres für ihn hätte. Ob er schon für Gießen unterschrieben hätte? Hatte er nicht. Er hätte etwas in Schweidnitz. Dort bezahlten sie mehr, also ging er da hin. So waren beide am Sommertheater in Schweidnitz gelandet und waren ursprünglich für das Sommertheater in Gießen vorgesehen.

Als Schauspieler hatte mein Vater natürlich wenig mit Musik und Gesang zu tun. Dann gab es ein Stück, da war eine einzige Schauspielrolle drin, sonst nur Gesangsrollen, und die sollte er spielen. Am schwarzen Brett fand er einen Zettel, wann er wo Probe hatte, und er ging da hin. Als er in den Probensaal hineinkam, sah er eine Menge Leute um den Flügel herum und hörte sich die Einsätze an. Dazwischen hörte er immer eine Stimme, die den Saal füllte, aber wohin er sich auch umsah, er sah nicht, zu wem diese Stimme gehörte. Er stellte sich auch auf die Fußspitzen, aber er konnte dieses kleine Etwas mit der gewaltigen Stimme immer noch nicht sehen. Dabei war er fast 1,80 m groß. So hörte er nur diese Stimme. Sie hatte ihn längst gesehen. Als dann alle auseinander gingen, ging sie schnurstracks auf ihn zu und bat ihn: „Helfen Sie mir mal bitte in meinen Mantel?" Als sie den Mantel anhatte, hat sie ihn ausgelacht und gesagt: „Können Sie auch küssen? Dann tun Sie das jetzt einmal!" Er wich nicht mehr von ihrer Seite.

Sie nahm ihn am Ende des Engagements mit nach Hause

Bühnen-Fest

Stadttheater   Schweidnitz

1914

13

und stellte ihn ihrer Mutter vor. Der Vormund tobte. Mit Schauspielern wollte er nichts zu tun haben. Aber mein Vater war auch ein Handwerker und hatte eine kaufmännische Begabung. Und was er nicht konnte, das konnte meine Mutter. So hat er sich mit dem Onkel in Ruhe zusammengesetzt und hat ihm seine Ausbildungspapiere gezeigt und bekam den Segen dieses Vormunds, ohne den die beiden damals nicht hätten heiraten können.

Die Hochzeit war zu Pfingsten 1914 und wurde von allen im Dorf mitgefeiert. Mit Beginn des ersten Weltkrieges musste sich mein Vater an seinem Geburtsort melden. Mein Mutter entschied sich mitzugehen und kam mit nach Aachen. Mein Vater hatte einen Wirbel zuviel und ist als neunjähriger Junge mit Pferd und Wagen nach Berlin gebracht und operiert worden. Weil sein Rücken schon deutlich buckelte, hielt man das für nötig und entfernte einen Wirbel. Daher hatte er eine fürchterliche Narbe. Er wäre vermutlich auch noch größer gewachsen, aber das machte die künstlich verkleinerte Wirbelsäule nicht mit. Dadurch teilte das Militär ihn nur zum Innendienst ein und er brauchte nicht an die Front. Später stellten sie ihn für das Theater frei.

Beide wohnten eine Weile bei den beiden älteren Schwestern meines Vaters, bis sie eine eigene Wohnung im Haus Linzen am Kaiserplatz fanden. Da bewohnten sie im ersten Stock zwei Zimmer. Zu dieser Zeit hatte der Kaiserplatz noch diesen schönen Brunnen. In mehreren Kaskaden sprudelte das Wasser heraus. Die Straßenbahnen wurden noch von Pferdewagen gezogen.

In einem der beiden Zimmer stand auch ein Flügel. In dem wohnten ein paar Mäuse, die sie während einer schönen, warmen Sommernacht entdeckten. Der Mond stand am Himmel und die beiden Arm in Arm am Fenster. Der Brunnen am Kaiserplatz plätscherte vor sich hin. Da hörten sie ein Piepsen und Ziepsen. Mein Vater drückte seine Frau an sich und meinte: „Liebste, wir haben Schwalben am Haus – hörst du das? Das bringt Glück!" Sie versuchten zu entdecken, wo die Vögel waren. Meine Mutter, mit ihrem absoluten Gehör, ging dem Klang nach. Mein Vater hob den Deckel des Flügels und die vermeintlichen Schwalben entpuppten sich als Mäuse.

Während des Ersten Weltkrieges übernahm mein Vater dann die Intendanz des Stadttheaters, weil kein Intendant da war. Er blieb bis Ende 1918 Intendant am Aachener Stadttheater, führte Regie und spielte auch gelegentlich mit. Meine Mutter sang als Souprette, eine Altistin hatten sie damals nicht. Man spielte das ein oder andere Stück von Mozart oder „Carmen" von Bizet. Aber die Operette stand obenauf. Die Menschen sollten erheitert werden. Da waren Stücke wie der „Zigeunerbaron" oder der „Bettelstudent" schon das Richtige.

Einmal wurde ein neues Lustspiel ausprobiert, in dem meine Mutter mit einem lebenden Esel auf der Bühne zu erscheinen hatte und mein Vater ihn verscheuchen sollte. Sie befassten sich beide viel mit dem Tier, um es an sich zu gewöhnen. Aber wie der Teufel, oder in diesem Falle der Esel, es wollte, kam es anders als geplant. Kaum war er auf

der Bühne, im hellen Licht, vor sich das dunkle Loch des Zuschauerraumes, drehte er sich mit einem Schwung herum zum Publikum und machte in den Orchestergraben einen schönen Haufen. Es muss ein toller Lacherfolg gewesen sein. Ich habe es noch erlebt, dass Fremde meine Mutter auf der Straße ansprachen: „Sind Sie nicht die Kleine, die in dem Stück mitspielte, wo damals der Esel auf die Bühne gemacht hat?" Das Stück war längst vergessen, aber der Esel und meine Mutter nicht.

Nachdem der Krieg zu Ende war, wurde das Dorf, in dem meine Mutter noch ihr Hotel hatte, polnisch, und die Zollstation wurde aufgelöst. Deshalb rentierte es sich nicht mehr. Man konnte das Hotel noch nicht mal mehr angemessen verkaufen. Es gab noch Viehwirtschaft und einen Gutsbetrieb, die sich verkaufen ließen, und das wurde unter den vielen Tanten aufgeteilt. Der Anteil meiner Mutter war immerhin so groß, dass er zum Ankauf des Hauses in der Rudolfstraße und zur Gründung einer Firma reichte. Meine Eltern blieben in Aachen und mein Vater gründete eine kleine Lederwarenfabrik in der Ottostraße. Später kaufte er ein Haus in der Rudolfstraße und verlegte seinen Betrieb dahin. Weil meine Mutter auf keinen Fall im gleichen Haus wohnen wollte, mieteten sie ein Haus in der

Frankenstraße 13, eines der typischen Aachener Dreifensterhäuser mit einem schmalen Anbau und einem kleinen Dachgarten. Es war an sich sehr schön, aber noch schöner wurde es dann in der Heinrichsallee. Die Häuser haben sie immer nur gemietet. Das Haus in der Heinrichsallee gehörte dem alten Herrn Talbot, der außerhalb Aachens neu gebaut hatte. Vorne gab es einen richtigen Toreingang, den man auch heute noch sehen kann. In ihm waren zwei handgeschmiedete Tore, die gegeneinander stießen. Die Gärten gingen früher bis zur Ottostraße durch. Da standen Obstbäume, eine Rotbuche und eine Trauerweide, die ich alle fleißig beklettert habe und von denen ich begeistert wieder heruntergefallen bin. Wir hatten hinten in einer Art Schuppen einen Ponywagen und ein Pony dazu stehen. Heute sind dort Garagen und die dahinterliegende Ottostraße ist komplett bebaut. Mein Vater war einer der ersten in der Stadt, der ein Auto hatte, so einen Opel mit sechs Sitzen.

In unserem Esszimmer hing ein großer Lüster. Zwischen dem Esszimmer und dem Wohnzimmer war ein offener Bogen. Da hing eine Schaukel für mich. Als meine Tante aus Budapest mal Weihnachten zu Besuch kam, unternahmen meine Eltern viel mit ihr und mich ließen sie daheim, was mir nicht behagte. Dann setzte ich mich auf meine Schaukel und keiner passte auf mich auf. Ich schaukelte wie eine Wahnsinnige, immer höher, bis ich mit den Füßen im Kristalllüster hing und ihn herunterholte. Da war Weihnachten gelaufen. Zumindest für mich. Aber eigentlich waren sie selber schuld, dachte ich mir.

Neben dem Wohnzimmer gab es noch ein Herrenzimmer, in dem die Bibliothek untergebracht war. Meine Mutter hatte eine Unmenge von Büchern. Es fing mit Homer an, ging über Horaz und hörte in der Neuzeit auf. Einen kleinen Teil davon habe ich noch, gerettet aus dem Dreck und dem Wasser während des Krieges. Sie sehen auch entsprechend aus. Wir konnten längst nicht alles retten. Fast alles ging verloren.

Mit fünf Jahren bekam ich sowas wie eine Gouvernante. Ich wurde zu Hause unterrichtet und durfte nur selten mit anderen Kindern spielen. Und wenn überhaupt, dann sowieso nur mit ausgewählten. Oder mit meinen Vettern, die mich nur schikanierten und an den Zöpfen zogen, meine Puppe in den Ascheimer steckten und ihr hässliche Namen gaben. Trotzdem mochte ich die beiden sehr.

Eigentlich hat es mir gut getan, dass bei dem Börsenkrach Ende der Zwanzigerjahre der Hauptkunde meines Vaters, den er in Schweden hatte, in Konkurs ging. Damit war es mit den Musikabenden vorbei. Und wir besuchten auch nicht mehr in jedem Sommer mindestens für zwei Monate irgendeine meiner Tanten. Immer mit dieser Gouvernante im Schlepptau.

Ich bin als Kind in dem sagenhaften Orientexpress, der von Paris nach Istanbul fuhr, mit meinen Eltern bis nach Budapest mitgefahren. Dieser Zug hatte, wie jeder andere Zug zu dieser Zeit auch, mehrere Fahrklassen, nur waren sie entsprechend teurer und vornehmer. Früher gab es in den normalen Zügen neben der ersten und zweiten Klasse auch eine dritte und sogar eine vierte Klasse, in denen fuhren die Bauern mit ihrem Viehzeug mit. Als ich drei Jahre alt war, fuhren wir zum ersten Mal, und diese Fahrt gehört zu meinen ersten Kindheitserinnerungen. Wir fuhren nicht erster Klasse, das konnten wir uns wohl nicht leisten. Für uns reichte die zweite Klasse. Das waren Wagen mit Sitzen, die abends zu Betten umfunktioniert wurden. Am Tag saß man dann wieder an Tischen. Die Polster waren ausgesprochen weich. Das war sehr schön, und ich war tief beeindruckt. Mein Vater nahm mich mit in den Speisewagen, in den man auch als Gast der zweiten Klasse hinein durfte, und zeigte mir den ganzen Zug. Seitdem habe ich eine Liebe zum Zugfahren entwickelt. Selbst heute noch kann ich zu Bett gehen und mir vorstellen, in einem Abteil zu liegen und zu fahren und dabei wunderbar einschlafen.

Meine Tanten waren schon etwas Besonderes. Meine Tante in Sarajewo schien mir gut hundert Jahre zurück zu sein. Sie ging nie aus dem Haus ohne ihren Sonnenhut. Sie war nur eine von den sieben Schwestern. Die zwei Brüder sind nach Wien gegangen und Rechtsanwälte geworden wie ihr Vater. Die Frauen haben in alle Welt geheiratet. Die Tante in Krakau war mit einem Eisenbahnminister verheiratet, einem Österreicher. Morgens um elf Uhr fuhr meine Tante, ganz egal wie das Wetter war, mit dem Landauer die Planten lang. Das ist eine der schmucken Alleen in Krakau. Dann hielten die Offiziere auf ihren Rössern an und unterhielten sich. Ich saß manchmal daneben und genoss das. Die Offiziere küssten meiner Tante die Fingerspitzen und sagten artig: „Küss' die Hand gnä' Frau!" Ich fand das berauschend, streckte meine kleine Hand ebenfalls hin und wurde lachend genauso behandelt. Es waren zwar Männer in polnischen Uniformen, aber durchweg Österreicher, zumeist Wiener. Es wurde fleißig Konversation gemacht, und ich hörte begierig zu. Einmal fragte mich einer der Herren, wohl um mir eine Freude zu machen: „Wo hast du denn die schönen blauen Augen her?" Ich konnte noch nicht wissen, dass es zu der Zeit einen bekannten Schlager dazu gab, und antwortete ganz ernsthaft: „Von meinem Opapa!" Ich wunderte mich sehr über den Lacherfolg.

Es gab auch Bankette. Da ich das einzige Kind im Haus war und man wohl nicht wusste wohin mit mir, wurde ich dann fein angezogen und musste am Nachmittag üben, was es abends zu essen gab. Und abends kriegte ich dann nichts mehr rein, weil ich noch satt war vom Nachmittag. Mein Mann bewunderte das mal, wie ich ein gebratenes Hähnchen mit Messer und Gabel kunstvoll zerlegen konnte, dass auf keinem Knochen mehr etwas drauf ist, aber auch nirgendwo eine Hand daran gewesen ist. Was habe ich dafür üben müssen! Ich weiß auch, wie man einen Hummer aufmacht und lauter solchen Quatsch. Das lernt man eben, wenn man da leben muss.

In der Küche hatten sie einen riesigen Steinofen, der ragte mit einer Ecke in den Raum. Er stand in der Ecke und reichte auch in die angrenzenden Zimmer. Dort war er mit Kacheln belegt. Von der Küche aus wurde er beheizt, und machte gleichzeitig auch die anderen Räume warm.

Ich saß gerne in der Küche. Da brutzelten immer irgendwelche Hühnchen, die dann kalt auf den Tisch kamen. Man konnte immer mal was ablecken, und die Mädchen in der Küche ließen mich mehr mitmachen, als die Tante erlaubt hätte.

Die Tante war die zweite Frau dieses Mannes, der aus erster Ehe schon drei Söhne hatte, alle schon etwas älter als ich. In den Jüngsten war ich unsterblich verliebt. Den habe ich bewundert. Eines Tages kam er in die Küche mit einem Anzug, an dem ein Knopf fehlte. Den sollte eine von den „Weibern" annähen. Sie holten einen Schuhkarton von irgendwo her, da waren unheimlich viele Knöpfe drin. Ich wühlte in den Knöpfen und fand einen wunderschönen goldenen Uniformknopf. Damit ging ich zu ihm und meinte: „Willst du nicht diesen schönen Knopf haben?" Ich wollte ihn noch putzen, um seinen Anzug damit schön zu machen. Er ist bald vom Tisch gefallen und war ganz und gar nicht begeistert.

Beim Personal sprachen alle deutsch und auch polnisch. Ich war leider immer schon unbegabt, was Sprachen angeht, und habe das Talent meiner Mutter nicht geerbt. Ich hatte acht Jahre lang Französischunterricht. Wenn ich in eine französische Boulangerie gehe, muss ich aufpassen, dass ich nicht zwei Brote statt einem mitbringe. So eine Gabe wie meine Mutter zu haben, ist eine Gabe Gottes.

Karl-Heinz Kollas, der Generalvikar von Aachen war, war ein Vetter zweiten Grades aus der väterlichen Familie. Meine Mutter hat ihn sehr geliebt. Das war eigentlich der Sohn ihrer Träume. So einen Sohn hätte sie gerne gehabt. Er war intelligent, hatte Ehrgeiz, war sprachbegabt. Sie fand es immer schade, dass er Priester geworden ist. Auch er hat sich sehr um meine Mutter gekümmert. In der Zeit, als die Heiligtumsfahrt war, schleifte er sie mit. Dann dolmetschte sie zwischen den „kirchfürstlichen" Besuchern. Sie half ihm auch, Briefe zu schreiben, um Kontakte zu anderen Bischofssitzen zu knüpfen. Vor allem nach Budapest und Krakau, wo unsere Familie Kontakte unterhielt. Unter anderem auch zu dem langjährigen Papst, dem früheren Herrn Woyjtila. Das gab meiner Mutter etwas von dem zurück, was sie vermisste: auf einer Bühne zu stehen. Obgleich sie hin und wieder noch Gastspiele gab und auch immer noch sang, als sie jünger war. Sie ist fast 92 Jahre alt geworden – bei voller geistiger Gesundheit.

4. Kindertage

Ein Kind braucht Eltern, die sich mit ihm befassen. Wenn die Eltern sehr mit sich beschäftigt sind, leiden die Kinder. Mein Kinderzimmer waf voll mit Spielsachen. Mein Vater fuhr jedes Jahr zur Spielwarenmesse nach Nürnberg und brachte die neuesten Sachen mit. Die ersten Puppen, die sprachen und laufen konnten, handgeschnitzte Puppenstuben, mein Kinderzimmer war voll mit solchen Dingen. Puppenkleidchen wurden von der Schneiderin genäht. Aber wenn man als Kind alleine ist, taugt das alles nichts. Wenn die Eltern nur bestimmte andere Kinder eventuell an einen ranlassen, noch weniger. Wenn Kinder aus dem Bekanntenkreis meiner Eltern zu Besuch waren, beneideten die mich glühend um all die Dinge. Aber wenn ich alleine war, packte ich das schön säuberlich in die Ecke und verzog mich in die Küche.

Meine Mutter hatte sich über den Kontakt zur Tante in Ungarn aus einem Zigeunerlager eine persönliche Dienstbotin geholt. Dies Mädchen Lucia konnte nicht nur Deutsch und Ungarisch, sondern noch so allerlei. Von allem ein bisschen. Lucia war krankhaft kleptomanisch. Man musste laufend aufpassen und in ihrem Zimmer nachsehen, was sie mit nach oben geschleppt hat. Meine Mutter tat aber mit Lucia ansonsten einen guten Griff. Sie hatte einfach all das, was eine gute Hausfrau haben musste. Sie lernte fantastisch kochen, egal, was man ihr als Wunsch nannte. Meine Mutter musste es nur „arrangieren", gemacht hat es dann die Lucia. Zum Ende der Woche kamen Putzfrauen, alle vierzehn Tage die Waschfrauen. Im Keller standen Schamottbottiche, unter denen wurde das Wasser erhitzt mit einem Feuer, in dem man alles verbrannte, was man im Haus nicht mehr brauchte, einschließlich alter Schuhe. Das wurde solange beheizt, bis das Wasser und die Wäsche darin kochte. Dann wurde mit Holzstöcken darin rumgerührt und anschließend kamen die Wäschestücke raus und wurden auf einem Brett gerieben. Das war Knochenarbeit für die Frauen. Die Waschfrau kam schon am Abend vorher und heizte den Kessel an, deckte das Feuer mit Kohlen ab, so dass es über Nacht hielt, und am nächsten Morgen sprudelte das Wasser schon darin. Die Wäsche wurde auf Leinen gespannt, oder man legte die Bettwäsche auf den Rasen und ging mit einer Gießkan-

23

ne darüber und machte sie wieder nass, damit die Sonne sie schön ausbleichte. Nach dem Krieg wusch ich selber noch auf diesem Brett.

Einmal alle vier Wochen kam eine Flickschneiderin, die blieb den ganzen Tag. Jeden Morgen kamen von der Eisfabrik zwei Stangen Eis. Der Eis-Bottich war innen mit Blech ausgeschlagen, hatte einen Rost und seitlich ein Kränchen. Auf den Rost wurde all das gelegt, was kühl bleiben sollte. Am nächsten Morgen wurde das geschmolzene Wasser an dem Kränchen rausgelassen und zwei neue Stangen Eis kamen hinein. Elektrisches Licht gab es ab 1906 und auch das Haus in der Heinrichsalle war dann voll elektrifiziert. Vorher gab es nur Gaslampen mit Strümpfchen, die angezündet wurden.

Ich habe mich mit sechs Jahren hauptsächlich in der Küche aufgehalten. Ich brachte mir selber das Nähen bei, auch wenn ich mir dabei mal durch den Finger genäht hatte. Es war alles viel interessanter als meine Puppenstuben. Außerdem gab es Hunde und einen Kanarienvogel.

5. Die Tanten

Die Tanten nannten wir die zahlreichen Schwestern meiner Großmutter mütterlicherseits. Deren Töchter und Söhne waren Cousinen und Cousins meiner Mutter, und davon gab es zahlreiche, die über Europa verstreut lebten.

In Berlin lebte Tante Fanny. Wenn wir bei ihr auf unseren Reisen eine Pause machten, blieben wir des öfteren für ein paar Tage dort.

Als der Friedrichstadtpalast eröffnet wurde, war meine Mutter mit mir in Berlin. Für mich als kleines Mädchen war es natürlich völlig indiskutabel, daran teilzunehmen. Aber die Tante und die ganze Familie hatten Karten und machten sich auf den Weg. Nur Denny, mein ungarischer Vetter, der in Berlin studierte, sollte Zuhause bleiben und auf mich aufpassen. Das passte ihm gar nicht, denn er wollte auch in den Friedrichstadtpalast.

Meine Mutter war nur 1,48 Meter groß. Denny bediente sich aus ihrem Koffer, zog mir ein Kleid von ihr an, band mir ein Stirnband um, steckte mir ihre Schuhe an die Füße, malte mir die Lippen an und ließ mich dann schwören, dass ich erstens während der Veranstaltung das Maul halte und zweitens den Verwandten nichts davon erzählen würde. So kam ich mit meinem Vetter in die Revue „Zieh dich an, zieh dich aus".

Wenn die Mädchen damals in so etwas ähnlichem wie einem Bikini erschienen, war das schon skandalös genug und mit heutigen Gepflogenheiten nicht zu vergleichen. Die Körper wurden kunstvoll versteckt hinter Federkleidern und hauchdünnen Schleiern. Das Ballett gefiel mir ausgesprochen gut. Wir saßen im Parkett, Denny hatte nicht so viel Geld. Von den Verwandten war hier weit und breit nichts zu sehen. Unten im Foyer sahen wir dann in der Pause meine Mutter mit den Tanten und Onkeln. Ich wollte natürlich dahin laufen, aber Denny packte mich bei den Haaren und schleppte mich auf dem schnellsten Weg nach Hause. So sahen wir beide nicht die zweite Hälfte, unser Ausflug blieb aber unentdeckt.

Als das KaDeWe gerade aufgemacht hatte, ging natürlich auch meine Mutter mit mir hin. Dort gab es vermutlich die erste Rolltreppe von Berlin. Zumindest war es meine erste Rolltreppe, und ich fuhr stundenlang, während meine Mutter in Ruhe einkaufte. Sie wusste, wo sie mich zu suchen hatte.

Einmal sollte ich nicht mitkommen, und stattdessen wurde ich im Zoo „in Aufsicht gegeben". Gleich beim Eingang gab es einen großen Sandkasten, der beaufsichtigt wurde von einem Fräulein, das einen kleinen Betrag dafür bekam. Das passte mir überhaupt nicht. Ich machte es vielleicht eine Stunde, dann setzte ich mich heimlich ab und wanderte den Ku'damm hoch bis Charlottenburg zu meiner Tante. Zum Glück ging es immer nur geradeaus, und ich fand mich daher zurecht. Als meine Mutter mich beim Zoo abholen wollte, fiel auf, dass ich nicht mehr brav dort im Sand spielte. Die suchten dann den ganzen Zoo ab. Zuhause wurde sofort ein Vetter mit dem Fahrrad losgeschickt, um im Zoo Bescheid zu sagen, dass ich schon angekommen war.

Onkel Erich, der später nach New York ging, hatte gerade sein zweites Kind bekommen. Als Lore, seine älteste Tochter, fragte, wieso die Mama denn so dick wurde, erklärte man ihr, wie das kam. Irgendein Vetter meinte dann, ihr heimlich alles erklären zu müssen. Was tat die Lore mit ihrem neuen Wissen? Sie stellte sich in der Schule während der Pause aufs Katheder und erklärte es der gesamten Klasse; zum Entsetzen ihrer Eltern.

Die alten Wohnungen in Berlin waren riesig. Da geht man auf der einen Straße rein, fährt mit dem Aufzug hoch, geht über lange Flure, am Ende auf einer Treppe wieder runter, und steht unten auf der nächsten Straße. Das war dann der Lieferanteneingang. Den durfte ich nicht benutzen, aber ausgerechnet dort spielte ich am liebsten. Dort kamen die Kinder des ganzen Hauses zusammen, mit denen ich Wohlbehütete natürlich nicht spielen sollte.

Als im Berliner Zoo mal zwei kleine Löwen geboren waren, gingen wir hin, um uns die kleinen Babys anzusehen. Damals wurden die Löwen in Käfigen gehalten und noch nicht in so weitläufigen Gehegen wie heute. Die jungen Löwen wurden gegenüber auf einer offenen Wiese gezeigt. Sie sahen aus wie große Katzen, und man durfte sie für ein paar Groschen streicheln und mit ihnen spielen. Dann wurden die Kleinen wieder in den Nachbarkäfig neben die Mutter gesetzt. Die Löwenmutter schob ihren Schwanz durch die Gitterstäbe zu den beiden Kleinen, damit diese damit spielen konnten. Ich fand das faszinierend, wie lieb sie miteinander waren und beobachtete sie weiter. Zur Fütterung wurde die Käfigtür geöffnet. Es war eine einfache Stange, die durch zwei Riegel geführt war. Ich machte sie in einem unbeobachteten Moment auf und bin in den Käfig gegangen. Ich fühlte mich überhaupt nicht bedroht. In dem Käfig hat mich irgendein Besucher gesehen und Alarm geschrien. Die Wärter hielten dann mit einem Wasserstrahl die Löwin von mir fern und holten mich unversehrt, aber nass wieder raus.

Jeden Mittag gab es vor dem Essen eine Schale mit saurer Milch. Die mochte ich nicht und wollte sie auf keinen Fall. Meine Mutter hielt mir schon auf dem Weg nach Berlin im Zug Vorträge darüber, wie gesund das sei. Sie versprach auch, mir Zucker drüber zu streuen. Lore mochte diese Milch auch nicht. Sie trank sie mit Widerwillen, ich trank sie überhaupt nicht. Ich war es auch nicht gewöhnt, zu solchen Dingen gezwungen zu werden. So gab es jeden Mittag Streit.

Mit drei Jahren konnte ich schon Häkeln und hatte Spaß daran. Es gab damals so kleine Hornpüppchen, mit denen kleine Mädchen wie ich spielten. Meine Mutter hatte mir beigebracht, diesen Püppchen wunderschöne Röckchen zu häkeln. Wenn man sie dann hinsetzte, hatten sie einen Rockrand um sich herum. Ich machte mal eins für meine Tante Milá, das sie aufs Klavier stellte und beim Kaffeekränzchen ihren Freundinnen begeistert herumzeigte. Alle bewunderten dies brav und lobten mich mit dem Erfolg, dass ich fortan aus dem Häkeln gar nicht mehr rauskam und alle Freundinnen meiner Tante mit selbstgehäkelten Puppenröckchen beglückte.

Tante Milá kaufte mir eine Fibel, aus der ich ein bisschen Polnisch lernte. Es hatte keine deutsche Übersetzung, und ich musste mir mühsam zusammenreimen, was wohl mit den einzelnen Geschichten gemeint war. Vermutlich hielt mich das vom Häkeln ab.

Zur Fronleichnamsprozession durfte ich in Krakau einmal

direkt vor dem Allerheiligstem, dem Himmel, gehen. Ich hatte ein Körbchen mit Rosenblättern und war fein ausstaffiert. In der Mitte, zwischen den kleinen Mädchen vorne und den kleinen Jungen hinten, wurde der Himmel getragen, das Kernstück der Prozession. Es bestand aus vier Stämmen und war mit wertvollen Stoffen ausdrapiert. Unter diesem Himmel wurde die Monstranz getragen. Vor der Kirche war ein Blütenteppich aus Rosen ausgebreitet. Es tat mir in meiner Kinderseele weh, über diese Rosen in die Kirche schreiten zu müssen.

Es war ein Großereignis, bei dem die ganze Stadt geschmückt war, und alle Bürger den Weg säumten. Es war noch viel katholischer als das katholische Aachen. So etwas hat es bis zu Hitlers Zeiten auch bei uns gegeben. Auch hier bin ich mitgegangen, aber nicht als „Glanzstück". Mit Goldkränchen im Haar, weißen Kleidern und goldenen Palmzweigen waren wir kleinen Mädchen stolze Engelchen.

In Krakau gab es die Tuchlauben. In diesen Arkaden war morgens bis zur Mittagszeit ein Markt. Dort konnte man praktisch alles kaufen, vom Salz bis zum Sarg. Aus Perlen gab es handgearbeitete Ketten, die hatten es mir besonders angetan. Mein Onkel nahm mich öfters mit auf diesen Markt und spendierte mir immer zum Abschluss des Marktbesuches ein Eis an einem der Stände.

Die Tante Gusti heiratete einen Bergwerksdirektor in der früher zu Österreich gehörenden Gegend, die man Kongresspolen nannte. Heute ist das polnisches Staatsgebiet.

Wenn wir diese Tante besuchten, durfte ich immer mit allen Kindern spielen, und es gab die wenigsten Beschränkungen. Sie lebten auf dem Land und es konnte nicht so viel passieren.

In den sandigen Flüssen der Gegend saßen die Krebse in kleinen Unterhöhlungen. Irgendein Junge zeigte uns, wie man Flusskrebse fing. Wenn man erst einmal einen gefunden hatte, band man einen Strick an einem seiner Beine fest und hielt ihn ins Wasser. Hatte man ein Weibchen, kamen die Männchen aus ihren Höhlen und hingen sich daran. War der Köder ein Männchen, lockte er die Weiber an. Die brauchte man dann nur abzustreifen und ins mitgebrachte Körbchen zu legen. An manchen Tagen füllten wir Kinder unentwegt unsere Körbe. Das gab es dann zum nächsten Abendessen.

Als wir mal drinnen spielen mussten, spielten wir mit Puppen. Diese sollten in ihren Bettchen schlafen gehen und wurden dazu mit ihren Puppenkleidern zugedeckt. Das waren die polnischen Kinder so gewöhnt, sie machten es mit sich selber auch so und deckten sich mit ihren Kleidern zu. Das gefiel mir nicht. Ich habe lange überlegt und wollte dann ein Taschentuch drauflegen. Nun hatte ich schon gelernt, dass „Nase" auf Polnisch „Nos" heißt. Ich hatte die Tante schon mal bei einer Gelegenheit zu jemandem etwas über ein „Nozyce" sagen hören, dann kurz darauf bekam sie ein Taschentuch gereicht. Ich reimte mir also zusammen, „Nozyce" hieße Taschentuch und erklärte meinen Spielkameradinnen lautstark, ich wollte zum Zudecken der Puppen ein „Nozyce" haben. Daraufhin brachten sie mir eine Schere. Ich wies das zurück, und sie brachten eine größere Schere. Ich war wieder nicht zufrieden, und sie brachten eine kleinere Schere. Zum Schluss hatte ich einen ganzen Haufen Scheren um mich rum und ärgerte mich schwarz, weil ich mich nicht verständlich machen konnte. Ich zeigte es mit meinen Händen, in dem ich so tat, als würde ich mir die Nase putzen. „Hustecka!" riefen die anderen Kinder und brachten ein Taschentuch. Ich bin nicht darauf gekommen, dass es was mit Husten zu tun hat. So lernte ich Polnisch.

Wir brachten uns gegenseitig bei, wie die Kleidung hieß, die wir anhatten. Sie sagten es in Polnisch und ich in Deutsch. So lernten wir wechselseitig die Sprache des anderen. Heute finden sie in Deutschland in so manchem Kindergarten ein Dutzend Nationalitäten. Lernen die Kinder heutzutage auch noch voneinander, einfach weil es Spaß macht?

Auf Miluçer in Montenegro verbrachten wir manche heiße Sommerwoche. Hier wollte ich wie alle anderen Kinder barfuß laufen. Das wurde mir strikt verboten, aber hinter dem Rücken der Erwachsenen hatte ich die Schuhe dann doch aus. Erst als mir klargemacht wurde, dass es dort jede Menge Schlangen gab, ließ ich die Schuhe an. Mir wurde ausführlich erklärt, wie Schlangen beißen und was dann zu tun wäre. Dies hat mir später mal das Leben gerettet, als ich im Aachener Wald von einer Schlange gebissen wurde und den Biss sofort aussaugte und das Gift ausspuckte.

Die Tante Rosa in Budapest hatte ein großes Haus in der Stadt und eine Gänsefarm draußen in der Pusta. Sie hatte dort kleine Ponypferdchen, auf denen man ohne Sattel rumhopsen konnte. Es gab dort an vielen Stellen einen großartigen Blick über das ganze Land, den ich tief in mich aufnahm. Ich habe die Weite so gerne. Das ist mir Zeit meines Lebens geblieben.

Hin und wieder durfte ich mit einer Bediensteten meiner Tante in einem Ponywagen über Land fahren und Besorgungen machen. Manchmal durfte ich auch alleine fahren bis ins nächste Dorf. Der Weg war ausgefahren, und die Räder rollten immer in den beiden Furchen. Das Pony fand den Weg allein. Da bin ich manchmal abgestiegen und habe im Kornfeld Blumen gepflückt, Mohnblumen, Kornblumen und Margeriten. Das Korn war wie ein goldener Wald. Da meine Tante keine Kinder hatte, bin ich auch nicht mit anderen Kindern in Berührung gekommen. Die Tante war sehr besorgt und ließ mich nur unter erwachsener Aufsicht. Daher konnte ich dort auch keinerlei Dummheiten machen.

Die Tochter von Tante Rosa, Cousine Wilhelmine (abgekürzt Wilma) aus San Remo, habe ich nur ein einziges Mal besucht. Meine Mutter vertrug sich nicht besonders mit ihr. Meine Patin war die Schwester meines Vaters. Sie hieß auch Wilhelmine, wurde aber Minchen genannt. Es war üblich, dem Patenkind den Namen der Patin zu geben, also wurde ich Wilhelmine getauft.
Meine Eltern wussten nicht, wie sie dieses Unglück ab-

wenden sollten. Die Tante wurde „Minchen" gerufen. Namensvarianten in dieser Richtung schieden also auch aus. Dann sollte es „Wilma" werden, das sei doch wunderschön, fand mein Vater. Aber meine Mutter muss sich vehement dagegen gewehrt haben wegen der gleichnamigen Cousine. Irgendwann kamen sie dann auf „Helma", so wurde ich eine zeitlang gerufen. Irgendwann tauchte „Minna" auf und wurde noch ein paar mal gedreht und gewendet, bis daraus „Mingo" wurde. Und dabei blieb es dann.

Irgendwann musste ich auch zur Schule gehen. Bis dahin war ich ausschließlich von der Hauslehrerin unterrichtet worden. Sie blieb auch erst einmal, denn wie sollte ich armes Kind sonst Hausaufgaben machen?
Die Lehrerin, zu der ich kam, stand vor einer schwierigen Aufgabe. Was macht man mit einem Kind, das jede Menge europäischer Städte kannte und schon in vielen Ländern war, aber vor einer Landkarte steht wie ein Ochs vor dem Berg? Ich habe Alpträume gehabt, in denen ich Linien wie Fäden hochzog und mich darin verwickelte. Ich konnte auf Bäume klettern, weit über Bäche springen, reiten und ein Rad schlagen. Aber ich konnte weder an den Ringen turnen, noch hatte ich je einen „Bock" gesehen. Gottlob konnte ich gut lesen und rechnen – aber wie kommt man da weiter?
Als meine Eltern merkten, dass mich die Lehrerin schlug, wenn sie selber nicht weiterkam, oder zur Strafe auf einem Sandsack knien ließ, wurde ich in eine andere Schule versetzt, eine Stufe tiefer, als es meinem Alter entsprach. Meine Hauslehrerin setzte sich gleich mit der neuen Leh-

rerin zusammen, und gemeinsam brachten sie mich in den nächsten Monaten noch auf den richtigen Stand.

Dass ich nun morgens und mittags alleine zur Schule laufen sollte, war wohl die Idee meines Vaters. Er fand, ich müsste mich in meiner Heimatstadt ein bisschen auskennen. Ich fand es herrlich.

Meine Mutter starb Tausend Tode, wenn ich zu Mittag nicht pünktlich eintraf. Und pünktlich war ich nie. Da kam ich zum Beispiel an einem Garten vorbei, an dessen Zaun die Brennnesseln hoch standen. Auf deren Blättern saßen Marienkäfer. Mein Gott, die armen Tiere verbrennen sich die Füße! So dachte ich und besorgte mir eine leere Streichholzschachtel. Dann sammelte ich die Tierchen ein und verwahrte sie in der Schachtel. Dass ich mir die Finger verbrannte, merkte ich nicht einmal. Zu Hause setzte ich sie in den wilden Wein oder ließ sie vom Dachgarten aus fliegen. Ich verstand die Aufregung meiner Mutter gar nicht, – und sie verstand mein Trödeln nicht. Wenn sie mich suchen ging und auf irgendeinem Baum fand, in dem ich Maikäfer suchte, bekam ich erst einmal eins hinten drauf. Anschließend drückte sie mich fast tot, weil ich nun doch noch lebend gefunden wurde und nicht verloren gegangen war. Auch sie hat in dieser Zeit viel lernen müssen.

In den Sommerferien waren wir immer zu irgendwelchen Tanten, Cousinen und Cousins meiner Mutter unterwegs. Dies hörte auf, als mein Vater seinen Betrieb einstellen musste.

6. Kinderjahre in Vicht

Solange das Geld floss, trafen sich bei uns in dem großen Haus in der Heinrichsallee Musikanten, hingen die neuesten Bilder an der Wand, stand ein großer Flügel im Musikzimmer und war immer Leben in der Bude. Nach dem Zusammenbruch hörte das auf, und wir mussten uns in allem beschränken.

Wir wohnten eine ganze Zeit lang in Stolberg-Vicht (in der Nähe von Aachen). Das Haus in der Heinrichsallee mussten wir nach dem wirtschaftlichen Zusammenbruch meines Vaters aufgeben. Mein Vater mietete dann bei einem Bekannten in Vicht einen Anbau an, vier Zimmer mit Küche und Bad. Dort wohnten wir etliche Jahre, bis sich die wirtschaftliche Lage besserte und man wieder Geschäfte machen konnte. Mein Vater mietete ein Stück Land und legte einen Garten an. Außerdem machte er Firmenvertretungen und schlug uns irgendwie durch in dieser Zeit. Die Betriebsräume in der Rudolfstraße konnte er an einen benachbarten Betrieb weitervermieten. Nun war das Leben auf dem Land auch erheblich billiger als unser bisheriger Lebensstil in der Stadt.

Für meine Mutter war es eine herbe Umstellung. Ich sehe uns noch, wie ich mit ihr zusammen Bohnen schnibbelte. Nur ich war viel glücklicher dort als in der Stadt. Ich konnte spielen, mit wem ich wollte und hatte keine Gouvernante mehr. Dafür waren meine Eltern mehr für mich da als je zuvor. Die Lucia hatte sich Putzstellen in Stolberg gesucht und lebte auch in unserer Nähe. Mein Vater ging stundenlang mit mir Pilze sammeln. In Monschau besorgte er sich für drei Mark für ein Jahr einen Schein, der hieß „Holzschein". Damit konnte man Holz sammeln, das in Jutesäcken gepackt und nach Hause gebracht wurde. Damit heizten wir. Oder wir sammelten im Wald in unseren Rucksäcken die „Wettermännchen", das sind die großen breiten Kiefernzapfen. Wenn die im Wald liegen, sind sie noch zu, aber wenn sie im Trockenen und Warmen liegen, springen sie auf. Die Bauerskinder behaupteten, wenn man sie auf die Fensterbank legt, kann man feststellen, was morgen für ein Wetter wird. Sie waren auch gut zum Heizen.

Ich aß so gerne Eis. Nur gab es auf dem Land keinen Eisverkauf. Aber es gab Eispulver. Dafür musste ich zwar ans andere Ende des Dorfes laufen, aber das machte nichts. Meine Mutter kochte das dann. Mein Vater nahm zwei Eimer. Den kleineren stellte er in den größeren. Um den kleinen herum kamen Eisstücke zur Kühlung und innen rein dies Eispulverzeug. Mein Vater saß dann stundenlang und bewegte das mit der Hand hin und her, damit es gleichmäßig gefror und ich Eis bekam. Meine Freundinnen standen schon draußen und traten von einem Bein aufs andere und fragten sich, wann nun endlich das Eis fertig war.

In der Schule von Vicht saßen vier Klassen in einem Unterricht. Das war viel für Fräulein Steins, die Lehrerin. Sie ließ uns Partien von Schillers Glocke auswendig lernen, auch die Bauerskinder, die damit nicht viel anfangen konn-

ten. Wenn sie merkte, dass einer nicht fix im Rechnen war, musste er extra ran. Sie hatte viel Autorität, aber sie schaffte das, ohne uns zu schlagen oder uns zu bestrafen. Wir wollten sie nicht kränken, und wir spurten alle bei ihr wie am Schnürchen. So habe ich bei meinen Eltern Zuhause nicht gehorcht wie in der Schule.

Ich sang mit im Kirchenchor, obwohl ich eine Stimme wie eine Krähe habe. Ich sang mit so gut es eben ging, und wenn ich es nicht schaffte, machte ich wenigstens den Mund auf, damit niemand etwas merkte. Mit mir gab sich die Lehrerin noch besondere Mühe. Sie nahm mich manchmal samstags mit nach Hause und brachte mir Dinge bei, wo sie Lücken bei mir feststellte. Schließlich sollte ich doch irgendwann einmal auf eine „weiterführende Schule".
Bei der Wanderung der ganzen Schule durch den Wald

von Vicht nach Simonskall machte ich prompt schlapp. Die ganze Schule wurde auf dieser Wanderung von mir gebremst. Aber das machte nichts, sie nahmen auf mich Rücksicht.

Fräulein Steins regte uns auch zum Malen und Zeichnen an. Sie brachte uns Stoffmalerei bei. Das sind wohl Sachen, die man eigentlich in einer dörflichen Schule früher nicht getan hat. Fräulein Steins lebte früher in Aachen. Sie hatte einen schweren Unfall gehabt, stürzte rückwärts von der Straßenbahn und brach sich ein Bein. Seitdem konnte sie nicht mehr ohne eine Krücke gehen. Dies war Grund genug für sie, sich aufs Land versetzen zu lassen. Eigentlich war sie eine Studienrätin und keine Dorfschullehrerin. Sie hat den Grundschulkindern von Vicht während der vier Jahre, die sie bei ihr waren, unheimlich viel beigebracht. Vor allem Disziplin, den Willen zum Fleiß und damit Erfolg. Eine von ihnen besuchte ich letztens, sie ist gerade sechsundneunzig geworden. Die kann ich heute noch nach Partien aus Goethes Werken fragen, die sie damals lernte, sie weiß sie noch. Es leben noch etliche von den damaligen Schülern. Vicht ist ein langlebiges Nest.

Die Truddel vom Blumengeschäft Engelhardt in Vicht, eine geborene Fey, ist auch in diese Schule gegangen. Sie hat bei Fräulein Steins auch sehr viel gelernt, besonders das Selbständigsein. Als ihr späterer Mann bei Waldarbeiten verunglückte und nicht mehr arbeiten konnte, brachte sie die Familie mit zwei Kindern durch den Aufbau von Gewächshäusern durch die Zeiten. Sie baute eine florierende Gärtnerei auf. Sie sagt noch heute, dass sie das Fräulein Steins, ihrem Unterricht, aber auch ihrer Antriebskraft und Willensstärke verdanke. Noch heute sehe ich sie manchmal am Fenster stricken. Sie fängt im Januar an und hat zu Weihnachten für die gesamte Familie alle Sachen zusammen.

Ich bin von Vicht, vom Haus Hohenlohe, zu Fuß bis Stolberg zur Schule gegangen. Und zurück. Ich hatte manchmal so Schmerzen in meinen Füßen, dass ich die Schuhe auszog und barfuß nach Hause gekommen bin, weil ich nicht wusste, wie ich gehen sollte. Wenn mir aber jemand gesagt hätte, ich muss von der Schule runter, wäre ich ihm ins Gesicht gesprungen.

Meine Mutter hielt uns auch auf ihre Art über Wasser. Halb Vicht nahm damals bei ihr Klavierunterricht. Es kamen die Kinder vom Bürgermeister, vom Metzger, vom Bäcker und von den großen Bauernhöfen.
Meine Mutter erzählte mir den Inhalt sämtlicher Opern, während sie bügelte und ich auf einer Chaiselongue daneben lag. Ebenfalls sämtliche Operetten. Später mal las ich eine Lebensbeschreibung von Slesak, in der er schreibt, er könne zwar seine Partien im Schlaf singen, aber was da passiere, könne er nicht sagen. Das hätte ich ihm alles erzählen können. Ich hatte auch als Kind, bevor wir aus der Stadt wegzogen sind, ein Theaterabonnement gehabt. Da wurde ich hingebracht und kam mit der Taxe wieder nach Hause. Damit ich diese Dinge auch sehe, von denen meine Mutter so begeistert erzählen konnte. Erster Rang, Mitte, da saß ich immer, mitten vor der Bühne. Ich hatte auch

die entsprechende Kleidung und wurde fürs Theater jedesmal fein gemacht. Das war ein Titsch meiner Mutter. Aber denselben Titsch hat sie genauso begraben an dem Tag, an dem sie gefragt war, wo man sie brauchte. Wenn ich an meine Mutter denke und sehe, wie sie erzogen wurde, dann muss ich schon sagen, man hat es ihr nicht an der Wiege gesungen, was sie alles in schwieriger Zeit können musste.

In Vicht am Dreieck wechselten damals die Straßenbahnlinien an der Stelle, wo heute die Busse stehen. Dort traf ich mich abends mit den anderen Kindern des Ortes. Wir spielten „Räuber und Gendarm" und probierten, ob wir die dort abgestellten Straßenbahnen nicht zum Fahren kriegen konnten. Wir machten viel von solchem Mist, aber es war wunderschön.

In der Nähe gab es einen Stall für eine Ziege, und wenn es regnete, saßen wir in dem Stall. Aus der Bücherei von Vicht bekamen wir sämtliche Karl-May-Bücher und lasen sie mit Begeisterung. Wir legten alle unsere Pfennige zusammen, und ein paar Jungs fuhren mit den Fahrrädern bis Lichtenbusch. Dort bekam man für 20 Pfennig 25 Zigaretten, von denen uns dann kotzelend wurde. Heute frage ich mich, wieso wir da im Stall das Heu nicht angesteckt hatten, aber es ist nie etwas passiert.

Wir schnitzten aus den Weiden am Bach Pfeil und Bogen. So manche Mutter wird sich gefragt haben, wo denn schon wieder ihre Einpackschnur geblieben ist. Dann wurde geübt, wer am weitesten schießen konnte. Ein Tag, an dem ich nicht draußen spielte, war ein verlorener Tag.

Manchmal gingen wir Blaubeeren sammeln. Oder wir schnitten uns ein paar alte Schuhe auf, zogen sie an und wateten hoch durch den Bach bis nach Rott. Dort gab es die Bude von Tante Anna. Bei ihr konnte man für ein paar Pfennige einen Becher Milch kaufen. Das fanden wir herrlich. Dafür verwendeten wir die Groschen, die wir zum Namenstag oder zum Geburtstag von unseren Verwandten geschenkt bekamen. Damals brachte ein Besuch keine Blumen mit. Die hatte man im Garten oder trug sie zum Friedhof. Verwandtenbesuche brachten vielleicht einen Fladen für die Kaffeetafel mit und für die Kinder einen Groschen, manchmal auch nur einen Fünfer.

Die Arbeiter von Priem brachten manchmal Schuhkartons voll mit Mangelknöpfen mit. Wir halfen dann den Kindern dieser Arbeiter beim Knöpfeaufnähen. Wenn wir davon 6, 12 oder gar 24 gleiche fanden und auf eine Pappe nähten, bekamen die Arbeiter einen oder zwei Pfennige dafür. Wir Kinder taten das einfach, weil es uns Freude machte und wir den Vätern, die Arbeiter bei Priem waren, helfen konnten, damit den Lebensunterhalt der Familie zu verbessern.

In den Schlafräumen hatten wir keine Toiletten, dafür aber einen Topf. Meinen ließ ich mal fallen, und er war hin. In der Nähe gab es eine Halde, auf der man solche Dinge hinstellte und irgendwann kam ein Pferdewagen und holte das ab. Da bin ich mit dem kaputten Pott hin und konnte mich danach ein paar Wochen nicht retten vor dem Spott der anderen, die mir nachriefen: „Et Küchens Helma, dat hat de Nachtsgreule zerbrooche!"

7. Jakob und Lore

Die Bauern in Stolberg waren böse darüber, dass die Dohlen immer ihre Saat aufpickten. Die hatten in den alten Steinbrüchen ihre Nester. Die Jungen kriegten Geld von den Bauern, wenn sie die Eier aus den Nestern der Dohlen herausholten. Als ich einmal dabei war, holten die Jungen drei Stück heraus, die waren aber schon geschlüpft, drei kleine Dohlen. Davon brachte ich zwei mit nach Hause. Meine Mutter kriegte Anfälle, aber meinem Vater konnte ich alles mitbringen, jeden Frosch und jede Blindschleiche. Im Keller baute mein Vater eine Stange quer von Wand zu Wand, da wurden sie draufgesetzt und Zeitungspapier darunter gelegt. So konnten sie ihre Geschäfte machen und ich machte das dann weg.

Sie hatten noch ihre gelben Stellen an den Schnäbelchen. Ich päppelte sie mit Haferflockenbrei hoch. Immer wenn ich nur in der Nähe war, und sie mich hörten oder sahen, schrien sie schon. Sie waren sehr zutraulich und an mich gewöhnt. Später gingen sie mit mir zur Kirche. Sie flogen über mir rum, setzten sich in den Baum und warteten, bis ich wieder rauskam. Dann schrien sie wie die Wahnsinnigen, wenn ich wieder aus der Kirche kam und kamen in großen Kreisen angeflogen und setzten sich auf meine Schultern. Ich hatte auf jeder Schulter eine sitzen.

Die beiden hießen Jakob und Lore. Wir wussten nicht, wer das Weib war und wer der Mann. Leider hatten wir den Mann Lore genannt und das Weib Jakob. Das haben wir erst gemerkt, als Lore anfing zu quatschen. Der quatschte

alles nach, was er hörte. Bei den Dohlen quatschen nur die Männer. Die Vogelmänner sind die schöneren Tiere. Sie müssen sich putzen und singen, damit sie bei den Weibchen ankommen, die Weiber sind grau und müssen nichts tun. Das fällt mir immer bei den Pfauen auf. Was ist ein Pfau doch für ein schönes Tier! Und was sind die Puten dagegen doch für unförmige, armselige Wesen, die noch nicht mal eine besonders schöne Form haben.

Wir hatten in Vicht einen Fasan im Garten. Der ist nie über Winter weg gewesen, er bleib immer da. Nur die Weibchen von ihm flogen fort. Das war ein schönes Tier.

8. Zurück in Aachen

Ich vegoss bitterliche Tränen, als es wieder in die Stadt zurück ging. Wir wohnten erst übergangsweise mitten auf dem Graben über der Gaststätte „Degraa". In die Heinrichsallee konnten wir erst nicht zurück, es war anderweitig vermietet. Es dauerte eine Weile, bis wir dann doch wieder dort einziehen konnten, allerdings nur auf eine Etage, und dazu nutzten wir den Dachstuhl. Der Betrieb meines Vaters in der Rudolfstraße lief gleich wieder an. Die Sattler hatten eine Genossenschaft ins Leben gerufen. Über diese liefen die Auftragsvergaben. Je nach der Menge der Genossenschaftsanteile erhielt man größere oder kleinere Aufträge. Ein Anteil kostete damals 30 Reichsmark. Die Haupterzeugnisse des Betriebes waren Brieftaschen, Portemonnaies und Aktentaschen.

Dann kam Hitler. Meine Mutter war dem Gesetz nach noch immer Polin, weil ihr Geburtsort inzwischen polnisch geworden war und einen polnischen Namen bekam. Mein Vater war überzeugter Sozialist, mit einer Polin verheiratet und Mitglied des Stadtrates. Trotzdem blieb unsere Familie unbehelligt.
Der Kreisleiter der Stadt Aachen war zwar ein überzeugter Nazi. Aber es gab selten eine Stadt mit so vielen Bun-

kern und Schutzräumen wie in Aachen.

Der Kreisleiter hatte eine Frau geheiratet, die aus einer Familie kam, die viele Kinder hatte. Die jüngste Schwester hatte eine schwere Krankheit. Sie ließ er mehrfach auf seine Kosten operieren. Aachen war sehr weit von Berlin entfernt, und dieser Mann hatte ein Herz.

Viele Menschen haben wirklich geglaubt, eine starke Hand sei nötig. Als sie bitter enttäuscht wurden, konnten sie nicht mehr zurück. Sie bemühten sich dann wenigstens zu lindern, wo es ging.

Die Zeit ist vorbei. Es ist wichtig, dass immer wieder Menschen sagen, so sieht es im Krieg aus, so sah es unter Hitler im KZ aus. Damit die Jugend es begreift. Ich bin überzeugt, wenn man es nicht immer wieder sagt, wären viel mehr junge Menschen in der etwas schwierigen Zeit, in der wir heute leben, eher bereit, wieder in diesen alten Trott reinzugeraten. Wir haben dieses Gedankengut ja immer noch unter uns.

Meine weiteren Schuljahre vergingen wie im Fluge. Und darüber war ich froh. Ich freute mich auf die Tanzstunden, die ich bald nehmen durfte. Begeistert ging ich dorthin.

Die Tanzschule Radermacher in der Schildstraße 7 hatte den besten Ruf in der Stadt. Die Mädchen aus besserem Hause gingen nur dort hin. Frau Radermacher brachte außer Tanzen auch gutes Benehmen bei. Man ging mit einer gewissen Haltung dort heraus.

Der eigentliche Tanzraum war eine Art gläserner Wintergarten. Er bekam im Krieg einen Volltreffer ab. Im großen Ballsaal, der große Spiegel auf allen Seiten hatte, wurde ich erst einmal hingestellt, und dann musste ich Gleichgewichtsübungen machen. Die ersten Tanzstunden vergingen nur mit solchen Übungen. Ich musste im Spiegel beobachten, wie ich auf einem Bein stehend die Drehungen machte. Ich durfte nicht zappeln und nicht umfallen. Es hat lange gedauert, bis ich das konnte. Aber dann saß es auch.

Dort lernte ich dann einige Leute kennen, die ich bis dahin nicht kennen konnte, weil wir zwischenzeitlich auf dem Lande gelebt hatten. Die Kohnemanns-Mädchen vom Blumenladen, aus dem Michaelsbad der Peter Leidchen war da, vom Dr. Thanisch der Sohn, die Krott-Kinder, die Derichs-Jungen und viele andere. Ich tanzte besonders mit Peter Leidchen, weil er der größte war und wir gut zusammen tanzen konnten. Ich wurde dort in die Aachener Gesellschaft eingeführt. Daraus entstand ein Freundeskreis, der die Zeit der Tanzschule überdauerte.

In der Tanzschule Radermacher kamen auch einige Leute aus den Bädern hier in Aachen. Den Badegästen empfahl man Tanzen als Trainig für den Bewegungsapparat. Weil ich gerne tanzte, lud mich Frau Radermacher dazu ein, denn es fehlte an weiblichen Partnern. Ich bekam nichts dafür, aber ich war froh, tanzen zu dürfen.

Einmal in der Woche gab es einen Tanzabend für alle Schüler, der ging bis 22.00 Uhr. Wenn ich nicht Punkt 22.05 Uhr zu Hause war, fing ich mir eine Ohrfeige ein. Mein Vater sah unheimlich genau auf die Zeit. Ich weiß noch, wie ich einmal mit jemandem vor der Tür stand und ein bisschen geschwatzt habe. Es hatte geregnet, und der Junge war so nett, mich mit seinem Regenschirm zu begleiten. Mein Vater hat dann hinter dem Fenster mitbekommen, dass ich dort mit einem jungen Mann stand. Als ich reinkam, fragte er erst gar nicht, erst einmal bekam ich eine geklebt, anschließend wurde ich gefragt, wer das war. Man redet nicht an der Haustür mit den Jungen. Was soll die Nachbarschaft davon denken? Das war halt damals wichtig. Es hat lange Kämpfe mit meinen Eltern gegeben über solche Konventionen, die ich gar nicht einsah.

Dann kam der Tag, an dem ich 18 Jahre alt wurde. Frau Radermacher machte ausgerechnet an dem Tag ein Rosenfest. Der Tanzsaal war mit Rosen ausgeschmückt und wir mussten Abendkleider tragen. Nun ging es uns damals nicht so gut, dass wir uns mal eben ein Abendkleid kaufen konnten. Ich nahm meine Kenntnisse zusammen und schneiderte mir selber ein Abendkleid aus weißem Glasbatist. Ich war der Hit auf dem Ball. Das Kleid zog ich nicht schon Zuhause an, weil ich mich scheute, darin über die Straße bis zur Tanzschule zu gehen. Ich zog es vor, mich bei Radermacher umzuziehen.
Der Busen war ausgearbeitet und weit ausgeschnitten. Die Ärmel waren eng und lang. Das Kleid war insgesamt schmal bis über die Hüften und nahm dann die Gestalt einer umgekehrten Blütenform an. Unten war es ganz weit. Ich konnte es an jeder Seite fest in die Hand hochnehmen,

und dann reichte es immer noch bis zu den Füßen.

Später, als ich schon längst verheiratet war, hat die Liesel Kohnemann mal gesagt: „Wir sind uns alle vorgekommen wie die Kinder neben dir." Dabei war ich selber noch ein Kind. Aber irgendwie muss ich sehr erwachsen gewirkt haben.

Ich war gerade 18 geworden, und das war schon ein besonderes Ereignis für mich. An dem Abend durfte ich dann auch bis Mitternacht ausbleiben, das war klar. Ich trug das Kleid nie wieder, weil ich einfach keine Gelegenheit mehr dazu gehabt habe. Dieser Glasbatist hat die Eigenschaft, wahnsinnig zu knüllen. Damit darf man sich nicht hinsetzen, also stand ich den ganzen Abend und machte eine Stehparty in dem Kleid. Eine Schwester meines Vaters bekam nach vielen Jahren noch mal ein kleines Mädchen als Nachzüglerin, der habe ich das Kleid dann gegeben. Was sie damit getan hat, weiß ich nicht.

Nachdem die Unterrichtszeit in der Tanzschule zu Ende war, gingen wir jede Woche einmal zu dem offenen Tanzabend hin und trafen uns dort, der Hans Ross und der Hans Thanisch und andere. Es bildete sich mit der Zeit ein Kreis heraus, der sich eigentlich mehr aus Jungs zusammensetzte. Ich war dabei, weil sie entdeckten, dass ich hinten auf dem Motorrad freistehend durch Aachen mitfuhr. Ich war nicht so zickig wie die anderen Mädchen, also durfte ich dabei sein. Mit mir konnte man Pferde stehlen, ich machte ja alles mit. Das muss ich von meinem Vater geerbt haben.

9. Die graue Katze

Wo heute das Steakhaus am Hansemannplatz ist, an der Ecke Heinrichsallee und Peterstraße, war damals die Peterstraße noch so schmal, dass sich die Nachbarsleute über die Straße hinweg die Hände hätten reichen können. Da wohnten die Kohlenhändler und die Eisenwarenhändler, die Putzfrauen und Waschfrauen. Zu Zeiten, in denen mein Vater noch ein Junge war, wurde da von einer Straßenseite zur anderen abends ein dickes Seil gespannt, und die Leute, die man als „Hansemänner" bezeichnete, das waren diejenigen ohne Unterkunft, die hingen sich zum Schlafen über dieses Seil. Das erzählte man sich wenigstens so.

Dort war ein urige Kneipe, ganz mit Holzvertäfelung im alten Stil. Früher war das mal die Brennerei Kontzen gewesen. Diese Kneipe hieß „Zum goldenen Quell" und war die Stammkneipe meines Vaters. An dem Stammtisch trafen sich sporadisch die Honoratioren von Aachen, besonders diejenigen, die dort in der Gegend wohnten wie mein Vater. Es kam auch mal der Oberbürgermeister vorbei, es wurde auch schon mal politisiert und Skat gespielt. Die Männer machten da ihre Geschäfte aus.

Zu diesem Stammtisch gehörte auch ein Weingroßhändler, der in der Monheimsallee wohnte. Er hatte eine Frau, ein herzensgutes Stück, aber mit einem Mundwerk ausgestattet, du glaubst es nicht! Sie kam aus dem Sauerland und war diejenige, die später dafür sorgte, dass unsere Familie überhaupt ins Sauerland konnte und eine Bleibe fand.

Ihre Haare waren früh grau geworden und ihr Mann behauptete immer, sie wäre eine Katze. So hieß sie allgemein „de griess Katz". Die Männer hatten damals alle für ihre Frauen einen besonderen Namen. Meine Mutter hieß bei allen „das Nachtigällchen".

Irgendwann hatte der Weinhändler einen größeren Auftrag gehabt, und den hat er am Stammtisch gefeiert. Sie haben gesoffen und gequatscht, bis es irgendwann Zeit war, nach Hause zu gehen. Nur der Weinhändler wollte nicht und sagte: „Die griess Katz haut mich Tod!" „Och", haben die anderen Männer gesagt, „wir bringen dich Heim." Dann standen sie alle vor der Haustür und stärkten ihm den Rücken, bis er mutig geworden ist und sagte: „Und jetzt gehe ich die Treppe rauf. Und wenn ich oben angekommen bin, und sie sagt mir was, dann sag ich ihr: Ich fahre in die Türkei, da kann ich fünf von der Sorte haben'!" Worauf sich oben ein Fenster öffnete und eine Stimme sagte: „Komm erup, Türksje."

Jetzt war er natürlich blamiert vor seinen Freunden. Am nächsten Stammtisch überlegten sie dann gemeinsam, wie sie ihr einen Streich spielen können, weil die anderen Männer mitbeleidigt waren. Früher waren die Männer nicht so ernsthaft. Sie waren in anderer Beziehung ernsthafter als heute. Aber sie waren auch zu Streichen aufgelegt.

Anfang des Monats, an einem Montag, hatte sie wie immer Waschtag. Da wussten die Männer: Sie steht den ganzen Tag in der Waschküche im Keller. Und jedesmal, wenn es oben schellt, muss sie die Arme abtrocknen, die Ärmel runterrollen, die Treppe rauf und die Tür aufmachen. Für diesen Tag haben die Männer ein Inserat in die Zeitung gesetzt:

> *Graue Katze in gute*
> *Hände abzugeben*

Dazu noch die Adresse. Dann haben die Männer ihre Betriebe laufen lassen und sich in ihrer Stammkneipe getroffen und vom Fenster aus zugesehen, was passierte. Es kamen auch Leute und schellten. Die arme Frau musste mehrmals die Treppen rauf und runter und immer ihre Arbeit unterbrechen, aber auf einmal, so nach dem vierten oder fünften Interessenten, kamen Leute, guckten und sind wieder gegangen. Die nächsten kamen, guckten nur, und gingen wieder. Ja, was war denn nun los? Das wollten die Männer genauer wissen. Dann ging einer nachsehen und fand einen Zettel über die Schelle geklebt:

> *Graue Katze gut vergeben*

Sie wusste sich zu helfen.

Der Betrieb meines Vaters war in der Rudolfstraße. Vor der Ecke des Hauses kam jeden Morgen aus der einen Richtung eine Frau mit einer Kanne, um oben an der Jülicher Straße die Milch zu holen. Und von der anderen Seite kam eine Frau, die hatte die Milch schon. Die beiden trafen sich stereotyp an dieser Ecke. Dann wurde gequatscht und getratscht, dann sagten sie sich „Tschö" und liefen auseinander. Doch oft fiel einer noch was ein, und dann kamen sie wieder zusammen und quatschten weiter.

Mein Vater beobachtete das regelmäßig. Irgendwann hatte er dem Lehrjungen fünf Mark versprochen, wenn er es schaffte, den Weibern, ohne dass sie es merkten, die Röcke mit einer großen Sicherheitsnadel zusammenzustecken. Fünf Mark war damals ein Vermögen, das kriegten Lehrjungen sonst im ganzen Monat. Und er hat es geschafft! Da stand das ganze Büro am Fenster und wartete, bis die beiden auseinanderliefen und sah zu, wie sie aneinander hingen.

Mein Vater hatte immer solche Ideen, und er hat sie auch ausgelebt. Meine Mutter fand das den Frauen gegenüber eher unanständig. Er könne doch gar nicht wissen, was die zu sagen gehabt hätten. So etwas tut man nicht, nach Meinung meiner Mutter.

10. Studienjahre zu Kriegsbeginn

Dann fing der Krieg an. Einer der ersten aus unserem Kreis, der zum Militär musste, war der Peter Leidgen. Und der Oskar Krott war sowieso schon dabei und musste seine Zeit machen.

Wenn wir irgendwo saßen und wir hatten keine Zigaretten mehr, es war ja Krieg und man konnte keine Zigaretten mehr kaufen, wie man wollte, dann machte ich mir nichts daraus, am Nachbartisch zu fragen, ob sie nicht ein paar für uns hätten. Das machte sonst auch keine andere, nur ich. Ich war irgenwie frech, und heute bin ich so ängstlich vor allem und jedem. Ich nehme an, dass das von der Verschüttung gegen Ende des Krieges herrührt. Ich bin danach vor jeder Situation, die mich in Schwierigkeiten bringen könnte, zu Kreuze gekrochen und habe immer einen Grund gefunden, warum ich am besten ausweiche. Ich komme aber nicht darüber weg, es beschäftigt mich. Dieses angeschlagene Selbstbewusstsein lässt sich nicht mehr stabilisieren. Ich habe einfach immer geglaubt, man ist an den Dingen, die einem passieren, doch selber schuld.

Obwohl schon Krieg war, zog ich nach Köln. Zuerst hatte ich ein kleines möbliertes Zimmer gehabt. Das kostete damals zwanzig Mark, ein stolzer Preis. In dem Haus gab es kein Telefon. Was meinem Vater nicht behagte, weil ich nicht erreichbar war. Aber ich hatte eine Monatskarte für die Bahn nach Aachen, damit ich, falls etwas wäre, immer sofort wieder nach Hause kommen konnte. Vom Dr. Thanisch bekam ich ein Attest wegen meines Rückens, dass ich nicht Holzklasse fahren durfte. Daher fuhr ich zweiter Klasse, was schon angenehmer war.

Dann ging ein Schüler von der Kunstschule ab, der eingezogen wurde, und er bewohnte genau gegenüber der Schule am Ubierring ein möbliertes Zimmer. Vermietet wurde das von einem alten Fräulein Worringen. Es war ein sehr schönes großes Zimmer, aber selbst für die damalige Zeit furchtbar tapeziert mit einer dunkelgrünen Tapete und dunklen, lila Blumen darauf. Das war schon düster genug. Dann standen da noch solche alten Schränke, die eigentlich auf den Speicher gehörten. Aber die Wohnung lag genau gegenüber der Schule und kostete auch nur zwanzig Mark. Also nahm ich sie.

Ich bat Fräulein Worringen um die Erlaubnis, das Zimmer auf meine Kosten zu renovieren. Das war ihr egal. Dann organisierte ich mir in Aachen Tapete und zog die Möbel von den Wänden. Hinter einem riesigen Kleiderschrank entdeckte ich eine Tür. Ich machte die Tür auf und fand dahinter noch ein Zimmer. Etwas kleiner, aber mit ähnlich fürchterlichen Tapeten. Und dahinter ein kleines Badezimmer. Ich bin sofort rüber zur Vermieterin und sagte: „Hören Sie mal, Fräulein Worringen, warum steht der riesige Schrank vor dem anderen Zimmer? Was ist damit?" „Die Wohnung ist so groß, und mehr als an zwei Leute möchte ich nicht vermieten. Wenn bekannt wird, dass ich hier noch Räume habe, kriege ich Kriegsgeschädigte hier rein." Ich beruhigte sie: „Wissen Sie was, vermieten Sie mir die doch." „Och, wenn Sie sie haben wollen, können Sie sich die auch zurecht machen."

Ich tapezierte also nebenan auch noch und rutschte diesen fürchterlichen Kleiderschrank auf zwei Speckschwarten nach nebenan. Auch das Bett kam nach nebenan und jetzt hatte ich drüben das Schlafzimmer mit Bad und hier ein Wohnzimmer, das ich als Atelier nutzte. Dann besorgte ich mir einen Schilfteppich und legte damit das Zimmer aus. Mit dem Zug brachte ich mir Korbsessel mit nach Köln, die wir Zuhause entbehren konnten, und einen kleinen runden Tisch. Dann bin ich los und erstand bei einem Altwarenhändler eine Matratze und legte sie auf vier

Holzstecken, so hatte ich eine Couch. Meine Kolleginnen halfen mir, besonders meine Freundin aus Bergisch Gladbach, die kleine Anneliese Rauen.

Eine andere Kollegin von mir auf der Schule kam aus Stolberg, die Liesel Glaser. Als ich sie das erste Mal in der Schule traf, hatte ich gerade einen achtundvierzig Stunden dauernden Brand mit meinen Keramiken. Ich hatte den Ofen in dieser Zeit immer wieder zu füttern und war gerade wieder dabei, als sie sich halb vor mich stellte und im Weg stand. Ohne zu gucken sagte ich zu ihr: „Du, geh aus dem Weg, du bist nicht durchsichtig. Dein Vater war kein Glaser." Worauf sie sagte: „Moment! Der hieß aber wohl so." Ich drehte mich erstaunt um und sah ein Bild von einem Mädchen. Seitdem kennen wir uns und hielten lange Kontakt. Sie heiratete später nach Amerika, und ich besuchte sie bis zu ihrem Tod immer wieder. Sie lebte in San Fransisco. Ihr Mann war Physiker und entwickelte die CD-Player mit. Auf ihn geht eine Stiftung zurück, die Liesel nach seinem Tod ins Leben gerufen hat und die junge Physiker fördert.

Das war Liesel. Sie wollte Keramikerin werden. Sie war aber immer dabei, Geld zu verdienen. Sie war die Geschäftstüchtigste von uns. Auf der Hohe Straße in Köln entdeckte sie das Holzlädchen. Wir stellten für diesen Laden verschiedene Sachen her, die dann dort verkauft wurden. Zum Beispiel die Hummelbildchen. Jede von uns entwarf etwas anderes. Wir machten ein ganzes Orchester mit Dirigenten, einem Mann am Flügel, einer, der die Bratsche

spielte, und viele weitere Musiker, die alle das putzige Hummelgesichtchen hatten. Das war zu der Zeit sehr beliebt. Das Ganze war in Holz geschnitten, hübsch bemalt, fixiert, hinten einen Aufhänger dran. Das wurde dann über Kinderbetten aufgehängt. Es gab ja nichts, die Leute stürzten sich auf alles, was sie kriegen konnten. Oder wir bemalten Kacheln mit Porzellanfarben, brannten uns die und machten kleine Rahmen drum. Die wurden als Tablettchen verkauft.

Auf der Heinrichsallee in Aachen gab es eine Schreinerei, in welcher der Sohn des Schreinermeisters später einen Parkettlegebetrieb etablierte. Die hatten während des Krieges mehrere französische Fremdarbeiter, die mir aus Abfallholz kleine Blumentischchen machten. Diese hatten oben ein Kreuz mit einer Umrandung, in die ich meine bemalten Kacheln hineinlegen konnte. Die Kacheln bezog ich von einer keramischen Fabrik, die ich auf dem Weg zwischen Köln-Thielenbruch und Bergisch Gladbach entdeckte. Sie eigneten sich gut zum Bemalen. In der Friesenstraße in Köln war eine Brennerei. Für einen Groschen das Stück bekam ich sie gebrannt. Ich musste sie nur dahin schleppen. Das war nicht so einfach, denn Porzellanfarbe war eine Pulverfarbe, die zum Auftragen angemischt wurde. Aber wenn sie wieder trocken war, wurde sie auch wieder pulverig und konnte leicht verschmieren. Die Anneliese Rauen, die Liesel und ich machten das Geschäft. Die beiden anderen hatten nur ein kleines möbliertes Zimmerchen, in dem man nichts machen konnte. Aber bei mir war Platz, und so wurde die Arbeit bei mir gemacht. Ich transportierte die Tischchen aus Aachen nach Köln, holte Kacheln, bemalte sie mit den anderen und wir brachten sie weg zum Brennen. Wieder eingesetzt brachte ich sie wieder zum Verkauf zu Viktor Heiliger nach Aachen. Das Holzlädchen auf der Hohen Straße in Köln nahm uns auch einiges ab. Ich war ganz schön beschäftigt, denn die Wege waren damals umständlicher als heute, wo jeder ein Auto hat. Aber es lohnte sich. Wir mussten auch tüchtig verdienen, denn von Zuhause aus gab es nicht so viel. Ein halbes Pfund Butter kostete damals 200,- Reichsmark. Ein Ingenieur bekam damals ein Anfangsgehalt von 220,- Reichsmark! Es war für jeden im Krieg notwendig, irgendetwas zu organisieren, es ging gar nicht anders.

Ich bekam im ersten Semester von meinem Vater Geld. Anschließend nicht mehr, da konnte ich alles selbst bezahlen. Im Gegenteil: Mein Vater sagte noch, ich könnte ihm wenigstens die Quittung von der Schule geben. Denn die Schule war nicht umsonst. Wir brauchten auch sehr viel Material, und das bezahlte ich zu seiner Freude alles selber.

Das einzige, was mein Vater weiterhin bezahlte, war die Fahrtkarte nach Aachen, die wollte ich nämlich nicht bezahlen. Mit der Liesel, die in Stolberg wohnte, schloss ich dann einen Vertrag ab. Sie fuhr immer mittwochs zu ihrer Mutter, und ich fuhr immer samstags nach Hause. Dafür bezahlte die Liesel einen Anteil der Summe und bekam die Fahrkarte von mir am Dienstag geliehen und brachte sie am Donnerstag wieder mit.

Das Bahnfahren fand ich toll. Ich saß Polsterklasse und führte mich manchmal wie eine große Dame auf.

In der Schule mussten wir eine Menge lernen. Es gab einen festen Schulbetrieb, zu dem es die Pflicht zur Anwesenheit gab. Das ärgerte mich manchmal schwarz. Ich wohnte direkt gegenüber und hatte nie eine Entschuldigung parat wie die anderen, wenn sie zu spät kamen. Jeden Tag mußte ich um halb neun da sein, und wehe, ich war mal nicht pünktlich. Dann hatte ich nicht das Glück, dass der Lehrer nicht da war. Denn der kam oft genug auch erst um neun Uhr.

Wir hatten einen Kollegen, der machte die Reklame für das Kino am Hansaring. Dafür durfte er über dem Kino in einem riesigen Raum wohnen. Es war schön warm, und wir trafen uns oft bei ihm. Er hatte jede Menge Kissen, die bauten wir auf dem Fußboden auf und setzen uns im Kreis zusammen. Dann wurden Plätzchen von unseren Müttern, die hart wie Stein waren, herumgereicht. Oder wir machten aus Sauerkraut Salate. Wir brachten die Abende gut rum. Die letzte Straßenbahn fuhr gegen viertel nach elf. Einmal, als es später wurde, bin ich den ganzen Ring in Köln vom Hansaring bis zum Ubierring gelaufen. Die Stadt war verdunkelt und machte mir Angst. Seitdem nahm ich mir lieber meinen Mantel, deckte mich damit zu, und schlief auf einem Berg von Kissen auf dem Fußboden. Und dann musste ich trotzdem um halb neun in der Schule sein, aber morgens fuhr die Straßenbahn den Ring entlang. Das frühe Aufstehen empfand ich immer schon als eine Zumutung.

In einem kleinen Raum neben dem eigentlichen Unterrichtsraum standen die Drehscheiben, an denen wir keramische Arbeiten machten. An den Wänden standen überall Regale, in denen die Zeichnungen der Schüler aufbewahrt wurden. Darüber war ein langes Fenster. Durch dieses Fenster konnte man in den Raum gucken, in dem der Herr Lehrer war. Angestiftet von Anneliese Rauen, die zwar jünger als wir anderen, aber auch pfiffiger war, stellten wir uns Stühle dorthin, um in seinen Raum gucken zu können. Und dann ärgerten wir uns. Was sahen wir? Den lieben Herrn Roth, wie er mit dem Kopf auf seinen Armen den Schlaf nachholte, der auch uns fehlte. Wir armen Biester saßen da draußen und mussten arbeiten und hatten den Lehrer nicht zu stören.

Am Anfang lief der Krieg woanders ab. Wir in Aachen erlebten kurz vor Kriegsausbruch, wie Keller beschlagnahmt und Soldaten einquartiert wurden; auch bei meinen Eltern, deren Keller teilweise Weinkeller gewesen war, und bei denen die entsprechenden Möglichkeiten bestanden. Es war alles ausgekachelt und sauber und glich eher Souterrainräumen als Kellerräumen. Sie waren geeignet, um darin Soldaten unterzubringen.

Dann kam der deutsche Einmarsch nach Benelux und Frankreich, den haben wir nicht wirklich mitgekriegt. Die Holländer bekamen das ganz anders mit, weil deren Leben sich änderte. Bei uns blieb es erst mal, wie es war. Da war ich einundzwanzig und noch recht unbedarft. Das erste Mal, als wir wirklich gemerkt haben, dass Krieg war, das war an dem Tag, als in Aachen das ganze Viertel östlich der Innenstadt mit Brandbomben bombardiert wurde. Der ganze Bereich der Luisenstraße und der Brabantstraße wurde kaputtgebombt. Wir haben oben auf dem Dach unseres Hauses in der Heinrichsallee gestanden, die zwei Körner-Mädchen und ich. Am Hansemannplatz war ein Hydrant getroffen worden. Das Wasser lief die Straße entlang. Dann haben wir auf dem Dach stehend die Brandbomben, die fast wie Fackeln waren, geschnappt und runter in das Wasser geschmissen. Dadurch ist dem Haus nichts passiert. Nur ich hatte einen Funken ins Auge bekommen und habe da eine Narbe, die man auch heute noch sieht.

Die Leute in Aachen haben durchweg nicht gehungert. Auf irgendwelchen Wegen ist hier immer genug angekommen. Aber man musste es bezahlen können. Von der Kreisleitung aus sind in der Beziehung alle Augen zugedrückt worden. Die Leute mussten zwar die Schnauze halten, und man musste gehorchen wie im ganzen Reich. Die Nazis hatten das Sagen.

Eines Tages kam ich nach einem Wochenende bei meinen Eltern wieder nach Köln zurück und meine kleine Wohnung existierte nicht mehr. Das ganze Haus war bis auf den Keller niedergebrannt. Auch die Hochschule gegenüber hatte ein paar Treffer mitbekommen. Trotzdem lief der Betrieb weiter – in Behelfsräumen.
Von da an fuhr ich täglich von Aachen nach Köln und abends zurück. Der Sohn von Dr. Thanisch fuhr ebenfalls die Strecke, zur Uni nach Köln. Wir sind zwei Semester lang täglich zusammen hin- und zurückgefahren.
Es war nicht so einfach, wenn man pendeln musste. Der Zug brauchte damals meistens eineinhalb Stunden, wenn es gut ging. Vom Kölner Bahnhof aus mussten wir laufen und konnten nur streckenweise die Straßenbahn benutzen. Wenn wir in Aachen den Zug um 6.59 Uhr nahmen, war ich nicht vor 9.00 Uhr in Köln in der Hochschule. Zudem war ich unausgeschlafen und lustlos.
Der Schulbetrieb lief mangels Räume und mangels Lehrpersonal provisorisch und in reduziertem Umfang ab. Zu manchen Fächern wie Kunstgeschichte und Chemie mussten wir zusätzlich zur Uni laufen, die in einem anderen Stadtteil lag. Dann kam der Tag, an dem auch die Hochschule einen Treffer abbekam und sie völlig lahmlegte. Irgendwelche lukrativen „Nebentätigkeiten" waren schon

aus Zeitmangel nicht mehr zu machen. Nun lebte ich wieder an Vaters Tisch und bekam meine Fahrkarte von ihm bezahlt.

Wir Freundinnen wurden zerstreut. Die Liesel bekam einen Job beim Wiener Rundfunk als Tontechnikerin. Sie hat das begeistert getan und in Wien nebenbei getöpfert. Die Anneliese Rauen zog nach Reifferscheid in die Eifel und lernte bei einem Verwandten weiter, als sie mit der Schule in Köln Schluss machen musste. Später dann baute sie einen gutgehenden Keramikbetrieb auf.

Als nun auch das Hin- und Herfahren nach Köln aufhörte, musste ich sehen, wie es für mich weiterging. Die Technische Hochschule in Aachen bot sich da an. An der TH war im Fachbereich Architektur ein Lehrstuhl für Freihandzeichnen und einer für Bildhauerei. Aber ein offizielles Studium wäre mir erst nach Abschluss der Kunsthochschule möglich gewesen. Mein Vater war gut bekannt mit Professor Glemser. Nach vielen Debatten zwischen den beiden, wie man es wohl hinbekäme, brachte Professor Glemser mich mit Professor Schepp, dem Bildhauer, zusammen. Der wiederum sagte: „Aber nichts ist leichter als das! Wir nehmen sie als Gast an."

Auch dazu musste man die Genehmigung vom Leiter der Hochschule haben. Zwischenzeitlich lernte ich auch Professor Wendling, den Freihandzeichner, kennen. Beide Professoren befürworteten mein Anliegen. Ich schrieb eine Eingabe mit Lebenslauf, bisherigem Studiengang, Herkunft und Lichtbild. Diese wurde angenommen, und ich bin zunächst als Gast an der TH Aachen zugelassen worden.

Bei Professor Schlepp fühlte ich mich gleich sehr wohl, und es entwickelte sich ein kumpelhaftes Verhältnis. Bei Professor Wendling war es für mich erst recht schwierig. Ich war gehemmt und für ihn, der sich am liebsten nur mit seiner Glasmalerei befasste, war ich wohl eher eine Belastung. Bis er mich in den Aktsaal mitnahm mit den Worten: „Nun stellen Sie sich mal nicht so an. Ich habe Studenten und Studentinnen hier gehabt, die haben so etwas noch nie gesehen und müssen das auch zeichnen." Er hat geglaubt, ich ziere mich aus Anstand und Sitte. Aber ich war viel mehr der Ansicht, dass ich das nicht könnte. In Köln kamen wir erst nach sechs bis acht Semestern in die Aktzeichenklasse. Ich erinnerte mich, dass ich ja eigentlich gar keine Keramikerin werden wollte. Mein Ziel war eigentlich Entwurfszeichnung oder die Porzellanmalerei. Da war ich bei Professor Wendling an der richtigen Stelle.

Langsam lebte ich mich ein. Bei Professor Schepp lernte ich mit Holz umzugehen und Gipsformen zu machen. Bei Professor Wendling lernte ich das Zeichnen von beweglichen Objekten, das Zeichnen in Perspektiven und das Zusammenstellen von Farben. Ich begann, die Wirkung zu sehen und berechnete, wie das Licht fiel. Allmählich wurde ich bei Professor Schepp eher Gehilfin als Schülerin. Und auch Professor Wendling nutze meine Fähigkeiten und setzte mich im Zeichensaal als Gehilfin ein, die mithalf zu korrigieren. Beide hatten außerhalb der TH große Aufträge. Wendling machte Kichenfenster und Glaskuppeln, Schepp entwarf Reliefs an Gebäuden. Schließlich waren beide nicht voll angestellt bei der Universität und mussten von ihren Aufträgen leben.

Damals bekamen die Professoren einen Zuschuss zu ihrem Gehalt, von dem sie nach eigenem Ermessen Assistenten anstellen konnten. Wenn sie keine Assistenten fanden, behielten sie es. Nach einer Weile wurde ich Assistentin bei beiden und erhielt Schlüssel zu den Arbeitsräumen der TH. Nun konnte ich auch abends arbeiten. Wenn alles um mich herum ganz still ist, werde ich fantasievoll und flink.

Nun konnte ich auch wieder für mich malen und verkaufen. Ich fertigte Kinderspielzeug für die Weihnachtsmärkte und die Firmen der Stadt an und natürlich auch wieder Tablettchen und Blumentischchen für Viktor Heiliger. Heiliger war das beste Porzellan- und Haushaltswarengeschäft in Aachen in der „kleinen" Adalbertstraße. Auch nach dem Krieg blieb mir der Viktor ein treuer und wichtiger Kunde.

Auch das „lustige Studentenleben" wurde wieder in bescheidenem Umfang praktiziert. Wir waren jung und jeder Tag konnte der letzte sein. Dessen waren wir uns sehr bewusst. Die alte Clique war ein wenig geschrumpft. Die Männer waren im Krieg, jetzt hatten wir mehr Mädchen dabei, aber auch einige Studenten.

Die Dummheiten waren im Prinzip auch die gleichen. Einmal wetteten wir, dass keiner von uns dem vornehmen Kellner bei Nuellens, einem edlen Speiserestaurant am Elisenbrunnen, das Tablett klauen könnte. Dass man es doch konnte, merkten die anderen erst, als ich damit die Adalbertstraße herunterrollte. Ich habe es heute noch und sammle meine Post darauf.

Manchmal musste ich für meinen Vater nach Berlin, um Aufträge mit Geschäftskunden zu erledigen. Ich hatte Lust dazu und stieg in Berlin im Kaiserhof ab. Bei einer dieser Fahrten zeigte mir ein Parteifunktionär im Hotel sein Parteiabzeichen und meinte, das könne ich wohl nicht leiden. Ich antwortete ihm, ich käme aus einer Stadt, in der die Leute Le Talieur und van den Deelen, Defrain und van Cleer heißen. Das ist genausogut wie Schmitz oder Müller.

11. Ein Freund

Der Vater sowie der Großvater von Gregor waren schon Rechtsanwälte in Aachen. Aber er war kein Mensch, der sich mit der Juristerei gerne befasst hat. Stattdessen wollte er Kunstgeschichte studieren. Sich künstlerisch selbst betätigen wollte er meines Wissens nach nicht. Er hatte neben der Kunstgeschichte noch einen Hang zur Archäologie. Das wäre alles blendend gegangen, denn die Familie hatte zwei Söhne und eine Tochter, doch der älteste Sohn starb schon als Junge. Also rutschte er an die Position des Erstgeborenen und musste zwangsweise Jura studieren, wie das halt damals so war.

Sein Leben war bis zum Schluss daneben. Er war optimistisch. Ich habe mich unwahrscheinlich gut mit ihm als Kamerad verstanden, wie ich mich überhaupt mit den Männern besser verstand. Ich hatte nur wenige Freundinnen. Weiber sind zickig. Ich kam vom Land und war gewöhnt, die wilden Spiele mitzuspielen. Das war bei den jungen

Damen ab fünfzehn in der Stadt keineswegs üblich. Aber wie wir von Vicht zurückkamen, war ich nicht mehr so unter Aufsicht, es war lockerer geworden.

Gregor musste also studieren. Er ging nach Berlin, weil die Familie dort Verwandte hatten. Er war der ewige Student, der es nicht eilig hatte. Als er dann doch irgendwann fertig war, vertrug er sich in der Kanzlei mit seinem Vater nicht. Etwas anderes bekam er nicht. Nun war seine Familie sehr bekannt mit einer anderen Aachener Familie, die sich stark auf den Nationalsozialismus eingelassen hatte. Die Tochter hatte einen höheren SS-Offizier geheiratet. Über diesen Kontakt bekam er eine Stelle beim SD, dem Sicherheitsdienst. Der hatte alles bis in die kleinsten Kleinigkeiten kontrolliert und zensiert. Wenn neue Bücher auf den Markt kamen, die schon in Berlin durch die Zensur gegangen waren, und die nun in Aachen verkauft werden sollten, mussten die hier nochmal von jemandem gelesen werden. Wenn im Stadttheater ein neues Programm für die nächste Saison gemacht wurde, dann musste er das erst einmal begutachten, ob nicht doch irgendwo ein jüdischer oder andersdenkender Regisseur etwas reingepfuscht hatte. Solche Dinge waren sein tägliches Brot.

Er hatte einen Ausweis, mit dem er in alle Veranstaltungen reinkam. Er schleppte mich oft mit, und ich konnte mir in seiner Begleitung vieles ansehen. Ich sah vor allem die Erstaufführungen von Filmen und Theaterstücken. Damit es nicht so auffiel, bekam ich einen Block in die Hand gedrückt, und dann tat ich so, als schrieb ich was mit. Wenn

ihm ein Kinofilm nicht gefiel, sagte er: „Komm, wir gehen. So einen Quatsch sehe ich mir gar nicht erst an. Das kommt hier nicht auf die Bühne." Er hatte die Macht, dies zu tun. Nur für sich selber hatte er keine Macht, überhaupt keine.

Irgendwann einmal tauchte Heinz Rühmann in Aachen auf. Er hatte sich zuvor schon von seiner ersten Frau getrennt, die Jüdin war. Überall, wohin Rühmann ging, wurde er genau beleuchtet, aus purer Angst, er könnte sich wieder mit ihr treffen. Selbst noch, als er die Hertha Pfeiler geheiratet hatte, wurde bei ihm gebohrt und nachgefühlt.
Rühmann war im Quellenhof abgestiegen, dem ersten Hotel am Platz. Gregor sollte ihn interviewen, und ist mit mir hingewandert. Er sollte herausbekommen, was Rühmann eigentlich wirklich hier wollte. Aachen war tiefste Provinz, und man glaubte ihm nicht, dass er nur zum Vergnügen hier war. Einmal ganz davon abgesehen, dass er, wenn er etwas anderes vorgehabt hätte, es bestimmt nicht uns erzählt hätte.
Gregor meldete uns bei der Rezeption an. Der Portier rief bei Rühmann an und sagte uns, Herr Rühmann würde uns erwarten. Da er zur Zeit in der Badewanne läge, sollten wir ruhig eintreten. Gregor ließ sofort nochmal anrufen, schließlich hatte er ja eine Dame dabei, nämlich mich. Doch Herr Rühmann ging nicht mehr ans Telefon. So gingen wir dann hinauf.
Rühmann hatte eine Suite. Wir wurden in das Wohnzimmer geleitet und nahmen Platz. Dann hörten wir seine etwas rauhe Stimme von nebenan: „Kommen sie nur rein!"

Da lag Heinz Rühmann in der Badewanne. Mit genügend Schaum um sich rum, sodass es nicht peinlich war. Gregor fand nichts heraus. Er machte ein kleines Interview und fragte nach den Lebensumständen und wie er sich hier in Aachen fühlte. Er wollte wissen, warum er überhaupt nach Aachen gekommen war. Rühmann antwortete, er hätte von Kollegen wie Willi Birgel gehört, Aachen sei eine wunderhübsche Stadt. Es kamen auch Fangfragen wie zum Besipiel die, ob er auch schon mal in Fringshaus war. Dort gab es das in der Mitte geteilte Haus, auf der einen Hälfte Belgien und auf der anderen Seite Deutschland. Von dort konnte man sich auch gut durch die Wälder nach Belgien absetzen. Aber Rühmann war harmlos und hatte keinerlei erkennbare Absicht, die unlauter gewesen wäre. Ich sollte das dann aufschreiben, schrieb aber wie immer gar nichts mit und tat nur so. Dann ließ sich Rühmann einen Bademantel geben und wir setzen die Unterhaltung zunehmend lockerer in seinem Wohnzimmer fort. Da Gregor sich aus seiner Studienzeit in Berlin gut auskannte, hatten die Herren dann bald andere Gesprächsthemen, und es wurde noch ein netter feucht-fröhlicher Abend. Ich erlebte Heinz Rühmann auch als Privatmann an diesem Abend als einen humorvollen Mann mit Niveau.

Als Rühmann später einmal im Eurogress in einem Schwank mitspielte, sah ich ihn wieder in einem Stübchen beim Nachtmahl nach der Vorstellung. Er saß am Nebentisch und ich hätte ihn fast nicht erkannt. Aus Respekt bin ich nicht hingegangen und habe ihn an unsere erste kurze Begegnung vor vielen Jahren erinnert. Sicher konnte er sich auch nicht so gut daran erinnern, wie ich mich an ihn.

Auf diese Weise bin ich mit Gregor auch zu Besprechungen mit Karajan gewesen. Gregor liebte ungeheuer Mendelsohn. Das war natürlich unmöglich, weil er jüdischer Abstammung war. Dann schlug Karajan vor, sie sollten aufs Programm „Bertholdy" setzen, der Mann heißt schließlich Mendelsohn-Bertholdy. Wer weiß das schon? Also wurde es so gemacht. Der Karajan machte in der Zeit, in der er in Aachen war, jeden Sonntag morgen im alten Kurhaus eine Matinee. Da war ich Stammgast.
Karajan war damals mit Frau Seefeld zusammen, von der in der Hochschule eine Büste angefertigt wurde. Dafür kam sie des öfteren vorbei und stand Modell. Von Aachen aus ging Karajan dann nach Berlin.
Ich fand, Karajan war sich seiner äußeren Erscheinung sehr bewusst. Er war eher klein und drahtig. Mit den Damen der Gesellschaft kokettierte er gekonnt, selbst vom Dirigentenpult aus.

Gregor beendete oft Sätze, die ich anfing, und umgekehrt. Wir waren ein eingespieltes Team. Freunde von uns fragten uns oft, wie wir das machen, wir waren doch gar kein Paar. Er heiratete später eine Frau, mit der er nicht wirklich glücklich wurde.
Während des Krieges wurde er irgendwann nach Hamburg versetzt. Augenscheinlich waren sie mit Gregor zufrieden und beförderten ihn nach oben. Die Engländer haben ihn dann nach dem Krieg interniert. Seine Familie verlor im Krieg ihr Haus. Nach einiger Zeit kam er wieder

nach Aachen und musste durch die Entnazifizierung durch. Erst danach bekam er wieder die Zulassung als Rechtsanwalt. Danach machte er sich doch selbständig, obwohl er es nie wollte.

Er hatte noch drei Kinder, die Tochter erkrankte an Hirnhautentzündung und war lange krank. Er selber ist dann mit seinem Sohn bei einem Verkehrsunfall ums Leben gekommen, als er seine Frau in der Kur besuchen wollte. Es war kein fröhliches Leben. Er war sich dessen immer bewusst.

12. Die Ausquartierung

Die jungen Leute können sich gar nicht vorstellen, was ein Krieg bedeutet. Sie meinen vielleicht, das ist pures Heldentum. Wenn sie im Fernsehen sehen, wie die sich gegenseitig kaputtschießen, dann fühlen sie das ja nicht. Sie sehen nur zum Schluss den großen Helden, der die Arme in die Höhe schmeißt und schrecklich stolz ist und von allen Leuten bejubelt wird. Aber so ist es nicht.

Wir haben in Aachen ziemlich lange Ruhe gehabt. Es ist lange nichts vom Himmel gefallen. Alarm hatten wir aber von Anfang an. Einfach deshalb, weil alles, was ins Reich flog, über uns wegflog. Es gab daher viele Alarme, aber keine Zerstörungen.

Mein Vater hatte irgendwann keine Lust mehr, immer nachts aus dem Bett rauszuklettern und im Luftschutzbunker wieder ins Feldbett zu krabbeln. Er baute im Haus in der Heinrichsallee 64 einen großen Kellerraum komplett zu einem Schlafraum fürs ganze Haus aus, also für alle anderen Mieter und Gäste, die im Hause waren. Dann schlug beim Nachbarn Dr. Viellers nebenan eine Luftbombe im Garten ein. Sie hinterließ ein großes Loch und alle Leute, die im Keller saßen, sind an Lungenrissen verstorben. Diese Bomben waren aus Pressluft und machten die Lungen kaputt, wenn sie explodierten und man in der Nähe war. Das wollte mein Vater nicht riskieren.

Wir fanden zuerst ein Schlafquartier im belgischen Ort Gemmenich bei einem Bauern. Es waren zwei Zimmer, in denen wir schliefen. Wir fuhren jeden Abend mit dem Zug dahin und morgens wieder zurück. Dann stellte sich heraus, dass da Ratten waren. Sie übertrugen einen merkwürdigen Durchfall, den wir alle bekamen, deshalb wollten wir dort auch nicht bleiben. Dann fand mein Vater in Würselen ein Haus, in dem wir den Dachboden mieten konnten, nur mussten wir uns den selber ausbauen. Dieses Haus gehörte dem Onkel von Jupp Derwall. Die Derwalls wohnten in der Oppenerstraße und der Jupp kam oft vorbei. Er war zu der Zeit etwa sechzehn und ich schon einundzwanzig. Er hatte schon damals nur Fußball im Kopf. Über was anderes konnte man sich mit ihm kaum unterhalten.

Wo ich war, zog ich immer andere Leute nach. Da kamen gegen Abend Bekannte aus Aachen mit dem Fahrrad, und wir unternahmen noch was, und der Jupp kam mit. Er war zwar noch ein recht junger Kerl, aber er war zu gebrauchen. Er wusste, wo in Würselen was los war, also wurde er mitgeschleppt. Er hatte einen Bruder, der war ein Bild von einem Kerl. Seine Mutter war eine sehr liebe Frau. Sie lebte und starb für Courths-Mahler. Ihre ganzen Redewendungen waren auch so.

Einmal kam Frau Derwall zu meiner Mutter, ich hatte meinen Mann schon kennen gelernt, und er besuchte mich auch des öfteren am Abend, als sie ihr vorschwärmte: „Er hat sie mit den Augen geliebkost! Er liebt sie, ich sehe es. Und wenn ich sie anschaue, seh' ich vor mir ein liebend Weib." Meine Mutter hätte bald in die Hose gemacht vor Lachen. Solche Ausdrücke hörte ich von Frau Derwall. Der Jupp, der stand hinter ihr und winkte mit der Hand ab, das konnte er nicht kapieren. Das war nicht seine Sprache, die seine Mutter da sprach. Auf dem Fußballplatz sprach man nicht so. Aber man sprach auch nicht so, wie man heute spricht. Diese ganze grobe Art gab es noch nicht. Das Wort „Arschloch" hat es in unserem Hause nicht gegeben.

13. Café Vaterland

Ich hatte eine Freundin, mit der ich mich mal verabredete im Café Vaterland. Ich wollte mit ihr am nächsten Tag zu einer Filmmatinee in der Hochschulaula gehen. Da kamen manchmal, so unter der Hand, amerikanische Filme. Diesmal kam die Verfilmung von „Auf des Messers Schneide" und ich hatte ihr versprochen sie mitzunehmen.

Eine andere Freundin hatte in ihrer Wohnung in der Peterstraße jede Menge Tabak. Im Kleiderschrank stand eine Waage mit Gewichten, damit man die Tabakmenge genau wiegen konnte. Im Badezimmer stand eine abgeschlossene Kiste mit dem Tabak. Alles sah recht unauffällig aus. Ich hatte einen Schlüssel zu ihrer Wohnung und zu der Tabakkiste und half ihr, den Tabak heimlich zu verkaufen. Ich habe gelernt, wie man Zigaretten dreht und war hinterher recht gut darin. Der Tabak sollte zweihundert Reichsmark das Pfund kosten und ich bekam davon jeweils zwanzig Mark. Das waren die Schwarzmarktpreise. Einmal habe ich bei meinem Vater eine Flasche Öl mitgehen lassen. Dafür habe ich vier paar Schuhe bekommen. So schicke Schuhe hatte ich hinterher nie wieder gehabt.

Aus einem Lederstückchen habe ich mir ein Säckchen gemacht, ein Tabaksäckchen. Wenn ich irgendwo saß, dann holte ich das heraus und drehte die Zigaretten. Dann wurde ich todsicher angesprochen, wo ich denn den Tabak herhätte. Je nachdem, wer mich das fragte, ich hatte da einen Riecher für, sagte ich wie nebenbei: „Wenn Sie wollen, kann ich Ihnen etwas besorgen.“

An dem Tag, an dem ich mit meiner Freundin im Café Vaterland war, saß mein zukünftiger Mann am Nebentisch. Ich hatte ein halbes Dutzend Zeitschriften dabei, und wir haben gequatscht und zwischendurch gelesen. Irgendwann sah er, dass ich rauchte, und sprach mich an. Zunächst begann er das Gespräch, indem er fragte: „Dürfte ich vielleicht mal Ihre Zeitung ausleihen?“ „Bitte schön“, antwortete ich ihm. Nach einer Weile fragte er wieder: „Dürfte ich

die andere Zeitung denn auch mal haben?" „Bitte sehr." Dann sah ich, dass er schnupperte, und habe ihm den Tabaksbeutel hingeschoben und ihn gefragt: „Wollen Sie sich auch eine drehen?" „Ach ja, wenn ich darf!" Er interessierte sich für den Tabak, und ich interessierte mich nur dafür, ihn zu verkaufen. Aber in keinster Weise interessierte ich mich für diesen Mann. Er sah durch die Malaria so schlimm aus, dass meine ganzen Freunde zu mir sagten, der kann nur noch Zahnschmerzen oder Knochenfraß bekommen, was anderes kann der gar nicht mehr kriegen, das hat er schon. Er war dünn und groß. Ich war ja auch groß, mit einem Meter sechsundsiebzig, für die damalige Zeit.
Irgendwann sagte er: „Mein Gott, der ist aber gut, der Tabak. Können Sie da drankommen?" „Sicher, kann ich." Die blöde Gans von einer Freundin bildete sich nun aber ein, ich würde mich für diesen Mann interessieren. Ich hatte ihr ja auch nicht auf die Nase gebunden, dass ich Schwarzhändlerin für Tabak war. Weiber tratschen ja und irgendwann sitzt du fest, das wollte ich nicht riskieren. Sowas behielt man besser für sich. Dann waren an einem Nebentisch Bekannte von ihr und sie flitzte dahin und ließ mich alleine sitzen. Irgendwann kam sie wieder und sagte plötzlich ganz laut: „Hör mal, ich kann morgen nicht mit dir in das Kino gehen. Ich habe da gerade Bekannte getroffen und gehe mit denen morgen woanders hin." Hinterher erzählte sie mir, sie hätte das nur getan, weil sie gedacht hatte, ich suchte eine Chance, um mit diesem Mann anzubändeln. Ich guckte sie an, sie kniepte mir mit einem Auge zu. Ich dachte, was hat die, und will ihr jetzt mal klar machen, was los ist. Ich fuhr mit meinem Fuß unter

dem Tisch in ihre Richtung und wollte auf ihren Fuß treten, so richtig mit Genuß. Ich trat auch mit Genuß drauf, und traf ihn! Und er dachte, na, wenn die so wild darauf ist ins Kino zu gehen, dann geh halt mit ihr, dann kriegst du auch den Tabak. Er sagte: „Ja, wenn Sie ins Kino wollen, ich gehe gerne mit." Worauf ich erwiderte: „Da können Sie nicht mit, das ist kein normales Kino." „Wieso?" Ich sagte: „Das ist eine ganz interne Aufführung." Zwischendurch fragte ich ihn dann mal, was er denn in Aachen mache. Dann sagte er, er sei Student am Rugowski-Institut. Ich dachte, ich kann mich ruhig mit ihm treffen, dann werde ich wenigstens den Tabak los. Er dachte, wenn ich mit der ins Kino gehen, kriege ich vielleicht den Tabak. Weiß der Kuckuck, was der kostet und ob überhaupt. Wie ich dann sagte: „Ich gehe jetzt, Lisbeth", sagte sie: „Dann gehe ich noch zu meinen Bekannten rüber." Mir war es aber gar nicht recht, alleine zu gehen. Und mir war es strengstens verboten, durch die Peterstraße nach Hause zu gehen, diese schmale Straße, wo die Nutten rumliefen und absonderliches Volk. Aber es war der direkte Weg zur Heinrichsallee, was kürzeres konnte ich nicht haben. Als ich nun rausging, ging er auch raus und er trug zivile Kleidung. Ich hätte mich nie mit einem Soldaten abgegeben. Dann sagte er draußen: „Kann ich Sie nach Hause begleiten, wenn wir schon morgen zusammen ins Kino gehen?" Ich erwiderte: „Hören Sie mal, das ist aber noch gar nichts mit dem Kino. Ich kann es Ihnen nicht mit Sicherheit sagen. Wir können uns aber morgen Abend am Templergraben vor dem Hauptgebäude treffen. Dann werden wir weitersehen."

Am nächsten Abend trug ich den Tabak bei mir. Er kam an, und ich sagte: „Ich muß wohl noch meinen Mantel im Institut hinhängen. Das Kino ist nämlich in der Aula, das ist intern." Als er sah, dass ich zu allem einen Schlüssel in der Hochschule besaß und überall rein konnte, fiel ihm erst mal das Kinn runter. Das verstand er nicht. Dann saß er wie so ein Kümpchen die ganze Zeit neben mir. Er war unheimlich nett. Nachdem er seinen Tabak hatte und ihn auch brav bezahlte, sagte er plötzlich: „Morgen haben wir am späten Nachmittag im Quellenhof ein Abschiedsessen von einer studentischen Vereinigung mit einer Musikkappelle. Da wird klassische Musik gespielt. Es ist für die, die fertig sind, und die wieder zurück zum Militär müssen. Haben Sie Lust mitzukommen?" Och, denke ich, Musik ist was, das mag ich wirklich gerne. Jeden Sonntag Morgen ging ich zu den ganzen Aufführungen vom Karajan. „Ja,

da komme ich mit", versprach ich ihm.

Dann trafen wir uns anderntags vor dem Quellenhof und gingen zusammen hinein. Es war sehr schön dekoriert. Auf jedem Tisch stand ein Strauß mit blass-lila Tulpen und einer passenden Kerze. Die Musik war sehr schön, ich erkannte einige Musiker vom Stadttheater. Der Studentenbundführer hielt eine Ansprache und sagte gegen Ende seiner Rede: „Die Tischdekorationen haben unsere Damen besorgt, und es ist erlaubt sie mitzunehmen." Das hatte der noch nicht ausgesprochen, da stand mein Begleiter auf, ging an den umliegenden Tischen vorbei, nahm die Blumen aus den Vasen und sagte dabei freundlich: „Gestatten Sie?" Und dann stand er auf einmal vor mir mit einem riesigen Strauß lila Tulpen! Da war ich ungeheuer beeindruckt. Ich hatte auch noch ein fliederfarbenes Kleid an, das einzige Gute, das ich besaß. Da saß ich nun mit einem Strauß Tulpen im Arm und alle anderen, die nichts mitgekriegt hatten, schauten doof, weil die Männer nicht flink genug gewesen waren.

Er war sehr charmant. Er war aber auch ein Satan und hat mich ein Leben lang gepiesackt. Es war so eine Mischung aus beidem. Anfangs stand natürlich der Charme im Vordergrund. Aber würde ich ihn noch mal nehmen?

Die Bedienung, die uns im Café Vaterland bediente, hat mich nach Jahren im Restaurant am Elisenbrunnen angesprochen und mir gesagt: „Wissen Sie eigentlich, dass ich Sie bedient habe, als Sie Ihren Mann kennen gelernt haben?" Ich erinnerte mich gar nicht mehr an sie, aber sie wusste es noch haargenau.

14. Die Wahl meines Mannes

Mein Mann beeindruckte mich auch noch auf eine andere Art. Junge Männer, die man damals kennen lernte, hatten eigentlich nur eins im Sinn, eine Frau ins Bett zu kriegen. Damals waren wir so erzogen, dass man das erst tat, wenn man verheiratet war und dass ein junger Mann das auch überhaupt nicht zu verlangen hatte. Diese Clique, in der ich mich befand, und die mich als Kumpel, aber nicht als Mädchen betrachtete, stellte auch nie irgendwelche Versuche in diese Richtung an. Die fanden es zwar toll, dass sie ein junges Mädchen dabei hatten, wenn sie irgendwo hingingen, mit der sie tanzen konnten oder sonst irgendwie angeben konnten. Aber im Großen und Ganzen machten wir nur unsere üblichen Dummheiten.

Zu Weihnachten wurde im Elisenbrunnen in der Rotunde immer ein riesiger Christbaum hingestellt. Da kletterten wir rauf und machten die Birnen aus. Das machte ich mit. Wenn dann einer von uns fünf Mark Strafe zahlen musste wegen groben Unfugs, dann legten wir alle zusammen für den, der erwischt worden war. Mit den Jahren habe ich dann schon mitgekriegt, dass die Männer außerhalb unserer Clique schon mehr von mir wollten. Wenn ich jemanden kennen lernte, dann dauerte es gar nicht lange und er versuchte zu fummeln. Danach war mir nicht. So war unsere ganze Generation einfach nicht erzogen. Ich wäre nicht abgeneigt gewesen, mich mit einem Mann einzulassen, von dem ich mit Sicherheit wusste, dass er mich auch nehmen würde. Es galt: Man lässt sich mit keinem Mann ein, von dem man nicht weiß, dass er notfalls für einen einsteht. Genau so war die Haltung. Sich einzulassen oder nicht einzulassen, das war es gar nicht. Sondern sich nur mit einem einzulassen, von dem man wusste, dass man auf ihn zählen konnte, wenn es darauf ankam.

Mein Zukünftiger war sehr zurückhaltend. Was ich später erfahren habe: Einen Tag, bevor sein Urlaubsschein gültig wurde, hat man ihn nochmals ärztlich von oben bis unten untersucht. Dabei stellte man fest, dass er Filzläuse hatte. Wo er die her hatte, wusste er nicht. Da gab es damals nur zwei Mittel. Entweder wurde er vollkommen ausrasiert und sie wurden einzeln mit Pinzetten rausgezogen, oder er mußte sich einer regulären Kur unterziehen. Dann wäre sein Urlaubsschein im Eimer gewesen. Also hat er die erste Tour machen lassen, kam hier an und schämte sich deswegen natürlich. Dabei war Scham so unangebracht gewesen! Wir wussten, dass Soldaten nicht in weißen Betten lagen und jeden Tag duschen konnten. Bestenfalls kannten sie Sammelunterkünfte mit Eisenbetten, in denen die Füße der Betten in Dosen mit Petroleum standen, um die Wanzen etwas abzuhalten. Die Urlauber brachten trotzdem alles mit, was mitzubringen war: Flöhe, Kopfläuse, Kleiderläuse, Filzläuse und, wenn es ganz fies war, die Krätze. Ich hatte sie auch und bin drei Tage lang mit einer stinkenden Salbe herumgelaufen, um sie wieder loszuwerden. Man holte sich diese unangenehmen Dinge in Straßenbahnen, Bahnhöfen, Kinos, Cafés, einfach überall, wo viele Menschen beisammen waren.
Aus dieser Scham heraus stellte er keinerlei Ansprüche. Das wusste ich damals allerdings nicht. Er beichtete es mir

erst später, als wir schon verheiratet waren. Ich hielt ihn für einen anständigen jungen Mann, der er auf diesem Gebiet eigentlich gar nicht war.

Es war Krieg und wir konnten nicht viel unternehmen. Wir gingen spazieren oder fuhren mit den Fahrrädern herum. Mein späterer Mann war in Aachen als Student angekommen und hatte nicht viel dabei. Er fragte mich, wie ich an mein Fahrrad gekommen sei. Ich antwortete ihm: „Da musst du mir achtzig Mark und eine Flasche Schnaps geben, dann kann ich dir ein Fahrrad verschaffen." Das konnte er nicht glauben, es gab ja nichts zu kaufen. Ich forderte ihn heraus und bot ihm an: „Wollen wir wetten?" Darauf ging er ein und wettete mit mir. Ich weiß gar nicht mehr, um was wir wetteten, das war auch egal. „Na ja", sagte ich zu ihm, „dann sieh mal zu, dass du achtzig Mark zusammenkriegst und die Flasche Schnaps auftreibst." Als er es mir brachte, ging ich zu einem Bekannten vom Stammtisch meines Vaters, der mit Fahrrädern handelte und brachte ihm das Geld mit der Bitte um ein Fahrrad, das ich auch sofort bekam. Mein Mann staunte nicht schlecht, als ich mit dem funkelnagelneuen Fahrrad am Hansemannplatz um die Ecke fuhr.
Als er das neue Fahrrad hatte, war ich erst mal abgeschrieben. Er nahm das gesamte Fahrrad komplett auseinander, ölte es überall und setzte es wieder zusammen. Und ich stand wie dumm daneben. Es war ein schöner Sommertag, und er hantierte da nur rum. Da hätte ich schon wissen müssen, dass er manchmal ein bisschen verrückt ist.

Er stammte aus Bergisch Gladbach und hatte in Köln sein Abitur gemacht. Sein Vater wollte unbedingt, dass er Arzt wird, aber er wollte das nicht. Der Vater war ein ungeheurer Rechner. Es gab vom Militär ein Angebot: Wenn sich ein junger Mann für zehn Jahre verpflichtete, wurde er danach ausgebildet auf Kosten des Militärs. Er wollte aber erstens nicht Arzt werden und hatte außerdem etwas gegen das Militär. Er wollte viel lieber einen technischen Beruf erlernen. Sein Vater wollte dies aber nicht bezahlen. Er saß auf seinen Pfennigen und zählte sie. Dann machte mein Mann erst mal seinen Dienst, und das war ein Jahr lang Arbeitsdienst und zwei Jahre lang Militärdienst. An dem Tag, an dem er fertig war, brach der Krieg aus. Da haben sie die Jungs direkt behalten und gar nicht mehr nach Hause gelassen. Genau wie meinen Freund Oskar Krott.

Mein Mann machte den Frankreichfeldzug mit und kam mit Rommel nach Afrika. Er war Flieger. Dann bekam er tropische Malaria und sie zogen ihn zurück. Zuerst wurde er auf einem italienischen Schiff als Funker eingesetzt. Da er kein Italienisch konnte, musste er es sehr schnell lernen, wenn er auch nur ein Stück Brot bekommen wollte. Er war sehr begabt und lernte schnell. Danach kam er nach Lucca. Da lernte er jemanden kennen, etwa 1944 im Frühling, der ihm einen Urlaubsschein ohne Begrenzung zum Studium nach Aachen verschafft hat. Er bekam seinen Sold weiter und seine Studiengebühren wurden bezahlt. So habe ich ihn kennen gelernt.

15. Die Vertreibung aus Aachen

Als die Stadt Aachen geräumt werden sollte, wollten mein Mann und ich in der Stadt bleiben. Mein Vater auch. Als die Amerikaner und Engländer Aachen überrollten, war mein Mann in Heerlen (Niederlande). Ein Teil der Hochschule war durch den Krieg zerstört oder beschädigt. Die Abteilung Architektur saß in Raeren (Belgien) und das Rogowski-Institut, an dem mein Mann studierte, war in Heerlen. Eigentlich hätte er von Heerlen gar nicht zurückkommen müssen. Aber er wollte mich nicht im Stich lassen und schlug sich auf Schleichwegen nach Würselen zu unserem Ausweichquartier durch.

Damals war die Neustraße zwischen den Niederlanden und Deutschland in der Mitte der Fahrbahn über die ganze Länge mit einem hohen Gitter und Stacheldraht befestigt. Nach dem Krieg wurde eine Mauer daraus, und jetzt ist sie ganz frei. Aber damals war sie offiziell nicht passierbar. Auf der einen Straßenseite wohnten die Holländer, auf der anderen die Deutschen. Der Schmuggel zwischen den beiden Ländern wurde von den Nachbarn unter der Straße her organisiert, von Keller zu Keller. Man konnte in Aachen Butter und Öl auf dem schwarzen Markt kaufen, zumindest sehr viel mehr als in den großen Städten im restlichen Reich. Auf diesem Schmuggelweg konnte mein Mann aus den Niederlanden herauskommen.

Als die Stadt geräumt werden sollte, standen überall Wagen, und am Bahnhof standen Züge. Wer Fahrräder hatte, musste mit den Fahrrädern fahren. Die SS organisierte das alles. Nachdem die SS meinte, die Stadt wäre weitgehend leer, steckten sie einiges an, damit es nicht dem Feind in die Hände fällt. Die Politik der verbrannten Erde. Heute wird aber oft erzählt, die Engländer und Amerikaner hätten vor sich her Brände gelegt, aber das ist nicht wahr, zumindestens nicht hier in Aachen. Zwar gab es Bombardements, besonders im Frankenberger Viertel. Restlos zerstört hat Aachen letztlich die SS.

Nach der Räumung aus Aachen gingen wir in unser Nachtlager zu den Derwalls nach Würselen. Am Anfang war das gar nicht so schlimm. Im Garten standen die Pflaumenbäume, die Apfelbäume und die Birnenbäume, und meine Mutter kochte mit Frau Derwall zusammen Obst ein. Mein Mann saß fleißig auf den Bäumen und pflückte alles ab.

Auf einmal ging der Rückzug der Deutschen nicht mehr weiter. Oben über dem Kaninsberg lief die Siegfriedlinie, eine Bunkerlinie. Dort hielten die deutschen Truppen eine Straße frei, damit die zurückkehrenden Truppen irgendwo durchgelassen werden konnten. Dämlicherweise war die Oppener Straße genau dieser Rückzugsweg und entsprechend wurde sie stark umkämpft. Uns blieb wieder nichts anderes übrig, als in den Keller zu wandern und dort zu leben. Die Amerikaner saßen in den von ihnen besetzten Bunkern und beschossen sich mit den deutschen Stellungen. Sie machten immer von halb acht bis acht Frühstückspause, da wurde nicht geschossen. Die deutschen Soldaten fingen dann an, sich in den umliegenden Häusern zu verschanzen. In einer Nische hatten sie einen Flammenwerfer gesetzt. Der stand genau an der Rückseite des Hauses, in dem wir Unterschlupf gefunden hatten. Das war ein fürchterliches Geräusch, alle fünf Minuten schoß das Phosphorfeuer. Ich habe mir von einem Soldaten, der in Stalingrad war, erzählen lassen, was so ein Flammenwerfer macht. Das Phosphorzeug ging wie eine Kugel durch den Menschen durch. Der fiel zusammen und hatte ein großes Loch im Körper, einfach durchgebrannt.

Die Munition, die aus dem Reich geliefert wurde, passte oft gar nicht zu den Kanonen, die sie hatten, und musste wieder abtransportiert werden. Ich sah Soldaten mit Holzbeinen und viele traurige Gestalten. Es war fürchterlich, was sie von ihren Leuten verlangten und wen sie noch alles an die Front stellten.

Die Soldaten besaßen etwas, was wir nicht hatten: Brot. Auch wenn es nur Komissbrot war. Es dauerte nicht lange, dann saßen sie abends bei uns, denn mein Mann beleuchtete den Keller des Abends. Dazu hatte er sich flache Dosen zusammengesucht, die wurden mit Motoröl gefüllt. Obendrauf kam eine Lage Wasser, darauf schwamm ein Korken. Auf diesem Korken steckte eine alte Rasierklinge. In der Mitte der Klinge hatte ich lauter kleine, aus Stoffgarn gehäkelte Dochte eingesteckt. Das war unsere Beleuchtung und stand überall im Keller. Bei uns konnten die Soldaten deshalb abends noch sitzen und brachten ihr Brot mit, eventuell auch einen Knollenschnaps. Wir gingen durch die Durchbrüche der Keller, die unterirdisch alle Häuser der Straße miteinander verbanden, und holten uns die eingemachten Sachen aus verlassenen Häusern. An einer Klotür im Parterre hatte mein Mann einen Strick so befestigt, dass man vom Keller aus die Tür zuziehen konnte. Draußen rannten die verlassenen Enten, Gänse und Hühner rum, und hin und wieder verirrte sich eine davon in dieses Klo. Dann zog mein Mann die Tür zu, und wir hatten einen kleinen Geflügelbraten. Aber die waren nicht so üppig wie heute, die Viecher hatten auch Hunger. Morgens früh, wenn die Amis noch schliefen, wurde mit Eimern im Ort gesucht, wo noch Wasser herkam. Dann wurde der Tagesbedarf in Eimern nach Hause getragen. Einmal fanden die Soldaten eine Kuh, die angeschossen war, und brachten ein paar Stücke Fleisch mit. Irgendwann bekam mein Mann einen Schuss in den Rücken. Sein Leben lang konnte man die Einschusslöcher sehen. Einige kleinere Metallstücke sind nie operativ entfernt worden.

Wir hofften bis zuletzt, wir könnten bleiben, obwohl die Umstände dort unter dem Beschuss der Truppen fürchterlich waren. Wir wollten heiraten, aber zu heiraten war im Reich unter den damaligen Bedingungen sehr schwierig. Man musste erstens nachweisen, dass man über mehrere Generationen hinweg arischer Abstammung war. Als Militärangehöriger musste mein Mann überhaupt einen Antrag stellen, ob er heiraten durfte. Dann musste man ein Gesundheitszeugnis von sich selber und von den Eltern vorlegen. Unter den damaligen Bedingungen war es gar nicht möglich, dies alles beizubringen. Deshalb hofften wir, wenn wir erst in den Händen der „anderen Seite" wären, würde dies alles einfacher.

Als die Armee diese Verteidigungslinie aufgab, kam die SS und holte uns alle mit Gewalt aus den Häusern. Wir mussten fliehen, niemand durfte dableiben. Ich fing furchtbar an zu weinen, und mein Vater fragte: „Was ist los?" Ich gestand ihm, dass ich schwanger war. Ich erwartete eine viel schlimmere Reaktion meines Vaters. Mein zukünftiger Mann war ihm recht. Er lebte damals in einem kleinen Zimmerchen in einem Restaurant in Würselen, war also immer in meiner Nähe, und mein Vater kannte ihn schon recht gut. Mein Vater sagte nur zu mir: „Weisst du was? Du bist jetzt verheiratet!"

Unter ständigem Beschuss der Straße wurden wir im strömenden Regen evakuiert. Die SS nahm uns auf Munitionswagen mit, die zurück ins Reich fahren sollten. Unter den Soldaten sprach sich rum, dass ich ein Baby bekam. Sie begannen lauter Pakete zu packen und sammelten dafür ein, was sie nur finden konnten. Auf einmal saß ich auf der Straße und hatte zweiunddreißig Gepäckstücke um mich rum. Babykleider, Windeln, sogar eine Nähmaschine war dabei. Sie haben gedacht, der Amerikaner schießt das sowieso alles kaputt, warum sollen wir es dann nicht einsammeln? Gegenüber von Derwalls gab es einen Krämer, der hatte noch ganz viel Waschpulver in großen viereckigen Paketen. Meine Mutter hatte gesagt, Waschpulver sei immer was Gutes. So hatte wir mindestens zehn Pakete davon, die auch um uns rumstanden.

Wir kamen aber nur bis Berrendorf, das heute zu Elsdorf gehört, dann standen wir auf der Straße. In Berrendorf war niemand, der uns aufnehmen wollte. Die Bauern wollten nicht. Der Herr Pastor hatte zwar ein ganzes Haus für sich alleine, aber das konnte er nicht hergeben, es gehörte der Kirche. Der Herr Bürgermeister lebte in einem großen Haus, aber er brauchte das für sich. Der Dorfpolizist nahm uns auch nicht auf. Bis uns schließlich die Hure vom Dorf bei sich aufnahm. Sie hatte einen Hinterraum, in dem nichts weiter stand als eine alte Couch, auf der sie ihrer Arbeit nachging. Die überließ sie uns und organisierte uns weitere Betten und Bettzeug. Sie dirigierte die Gulaschkanone vor ihr Haus, damit wir zu Essen kriegten. Ihre „Arbeit" machte sie ab sofort in der Küche. Sie trug das Herz an der richtigen Stelle.

Bis dahin waren wir schon mal. Wir wollten weiter zu den Eltern meines Mannes, die in Bergisch Gladbach lebten. An einem Tag fanden wir einen Lastwagen, der bis nach Köln-Thielenbruch fuhr. Von dort war es nicht mehr weit, und wir konnten zu Fuß weiter bis zum Ahornweg nach Bergisch Gladbach laufen. An einem Tag nahm er meinen Mann und mich mit, an einem anderen Tag dann meine Eltern. Von unserem ganzen Kram konnten wir nicht alles mitnehmen, aber einiges.

Als wir bei meinen Schwiegereltern ankamen, hatte sich mein Schwiegervater schon nach Magdeburg abgesetzt. Seine Frau hatte er dagelassen, damit man in das Haus keine Fliegergeschädigten einquartieren konnte. Es war nämlich üblich, leer stehende Häuser zu konfiszieren und für irgendwelche Zwecke zu benutzen. Nun waren wir ja da, und wir waren ja auch Vertriebene. Also konnte sich meine Schwiegermutter auch absetzen und ihrem Mann nachreisen. Als erstes, als mein Mann und ich alleine ankamen und ihr das Dilemma geschildert hatten, sagte sie: „Da haben wir ja mehr Glück als Verstand." Sie war in einem Sportverein, in dem die stellvertretende Standesbeamtin auch Mitglied war. Die hat innerhalb von drei Tagen geregelt, dass wir heiraten konnten. Mein Mann konnte nach der Besetzung von Aachen nicht mehr studieren und musste zurück zu seiner Einheit. Es drängte also. Aufgrund dessen, dass er schnell zurück zur Front musste, wurden all die üblichen Auflagen gestrichen, und wir durften heiraten.

Meine Schwiegermutter hatte einen Untermieter zugewiesen bekommen, einen Italiener, Dr. Miserotti. Er war Arzt in Venedig, gehörte aber, wie wir später erfuhren, zum italienischen Untergrund. Er war unser Trauzeuge, und ich bekam von ihm ein Kaffeeservice mit Golddekor zur Hochzeit. Wo er das aufgetrieben hatte, weiß ich bis heute nicht.

Ich war noch im Besitz eines schwarzen Kleides, welches mir aber nicht mehr so recht passte. Meine Schwiegermutter hat mich dann darin mit Nadel und Faden eingenäht, weil der Verschluss es nicht mehr gehalten hätte. Mein Mann hatte seinen Konfirmationsanzug im Schrank hängen. Die Ärmelchen waren zwar zu kurz, und auch an den Beinchen war er zu kurz. Der einzige, der vernünftig angezogen war, war der Trauzeuge. Kurz vor dem Gang ins Rathaus fragte er: „Wo sind denn die Blumen?" Wir hatten keine, aber gegenüber war ein Blumenladen, da besorgte er schnell ein paar Blumen, die bekam ich in die Hand gedrückt. So habe ich dann in Schwarz geheiratet. Besser in Schwarz als gar nicht.

Kaum waren wir im Gebäude, ging der Fliegeralarm los, und wir mussten in den Keller. Wir waren für halb acht bestellt, und um zwölf hat der Standesbeamte gesagt, er wolle jetzt nach Hause zum Mittagessen. Er wolle uns jetzt trauen, egal, ob gerade Fliegeralarm sei oder nicht. Als wir alle unterschrieben hatten, bekamen wir das Buch von Adolf Hitler „Mein Kampf" und einen Ahnenpass ausgehändigt. Dann sollten wir fünf Mark bezahlen, doch mein Mann hatte sein Portemonnaie nicht eingesteckt. Das hat Herr Dr. Miserotti dann auch noch bezahlt. Wenn ich es mir so überlege: Wir waren so durcheinander, fürchterlich. Herr Miserotti verlieh dem Ganzen ein bisschen Würde und Glanz.

Am Abend des Hochzeitstages kam eine verdreckte Ordonanz bei uns an, die keine wirkliche Ordonanz war, sondern ein Bote aus dem Untergrund, der Herrn Miserotti benachrichtige, dass er sofort verschwinden müsste. Er ist mitten aus der Hochzeitsgesellschaft heraus in der Nacht aufgebrochen.

Nach unserer Hochzeit meinte mein Mann, er müsste versuchen, seine Einheit zu finden, und wenn er das kreuz und quer durch das Land anstellte, würde sich das noch ein bisschen rauszögern. Ich bin dann mit ihm nach Frankfurt gefahren, weil wir in Frankfurt Verwandte hatten, dass half uns vierzehn Tage. Dann gingen uns die Essensmarken aus. Er war im Besitz eines Zivilanzuges und eines Militärmantels. Was tut man da im kalten Winter? Entweder man läuft im schwarzen Anzug als Zivilist rum und friert, oder aber im Mantel, und dann wird man an jeder Ecke angehalten mit der Frage: „Zu welcher Einheit gehörst du, Mann?" Als es nicht mehr ging, suchte er bei einer Dienststelle um Essensmarken nach, wurde direkt neu eingekleidet, und man sagte ihm, wo seine Einheit war. Ich bin mit dem Zug zurück nach Köln gefahren. Bis Deutz bin ich gekommen, von dort musste ich laufen. Im Zug habe ich nur geplärrt. Neben mir saß ein junger Mann, der musste nach Köln und sich dort bei einer Dienststelle melden, der hat auch nur geplärrt. Da nahmen wir uns in den Arm, plärrten gemeinsam und trösteten uns gegenseitig. Wie er heißt, weiß ich nicht, wir sind uns nie wieder begegnet.

Es war ein bitterlicher Winter. Mein Mann hat versucht, nach Venedig durchzukommen und schaffte es bis zu Herrn Miserotti zu kommen. Er sagte zu ihm: „Junge, mach, dass du weg kommst. Wo ich hingehe, kann ich dich nicht mitnehmen." Ich denke, seine Zukunft war ungewiss, und er wollte meinen Mann schützen. Dass Herr Miserotti ihn nicht mitgenommen hat, hatte meinen Mann aber irgendwie gekränkt. Wir haben später, Ende der Fünzigerjahre, bei einem Aufenthalt in Venedig versucht, die Familie Miserotti zu finden, es ist uns aber nicht gelungen.

Mein Mann meldete sich bei einer italienischen Einheit, weil er hoffte, sie ließen ihn dann in Italien. Aber es war alles schon im Zusammenbruch begriffen. Sie haben eine neue Einheit von aufgegriffenen Soldaten zusammengestellt, die sollte über Prag an die Ostfront gehen. Bis Prag ist er auch gekommen, als ihn mein Telegramm erreichte, dann ist er wieder zurück nach Bergisch Gladbach gekommen.

Ganz in der Nähe des Ahornwegs war ein riesiges Lager, in dem Polen lebten. Der Leiter des Lagers ging mit den Arbeitern gut um. Er erlaubte ihnen, kleine Geschäfte und Arbeiten auf eigene Rechnung zu machen. Mein Vater besorgte Leder, und sie machten daraus Handtaschen nach meinen Entwürfen. Das wurde über eine Bekannte, die in einer Kaserne arbeitete, an die Soldaten als Mitbringsel für Zuhause verkauft. Sie kauften das gerne, damit sie etwas für ihre Frauen hatten. Den Gewinn teilten sich dann alle an dem Geschäft beteiligten. Es wurde viel miteinander gemaggelt. Wenn mein Vater drei Flaschen Öl erwischte, kriegte das Lager zwei davon, eine behielt er für unsere Familie. Öl und Butter waren sehr begehrt damals. Als Zuteilung bekam man damals 20 Gramm Fett pro Person, mehr war nicht drin. Da konnte man sehen, wie weit man damit kam. Ansonsten hatten wir zu essen, es fehlte meistens nur an Fett.

Als mein Mann in Italien stationiert war, hatten sie mal ein Lager von den Amerikanern ausgeräumt. Dabei fanden sie jede Menge Dosen, in denen Corned Beef war. Davon schickte er über viele Wochen immer mit der Feldpost so viele Dosen nach Hause zu seinen Eltern, wie erlaubt war. Auf diesen Dosen stand die Abkürzung „A.M.", aber kein Mensch bei uns wusste, was das heißt. Meine Schwiegermutter übersetzte das mit „alter Mann". Wenn sie eine Dose davon aus dem Keller holte, pflegte sie zu sagen: „Heute köpfen wir einen alten Mann." So alle vierzehn Tage kam ein „alter Mann" auf den Tisch.

Meine Schwiegermutter ist nach Magdeburg zu ihrem Mann gefahren. In ihrem Haus lebten jetzt nur noch meine Eltern und ich. Wir hatten im Haus der Schwiegereltern Weihnachten gefeiert. Wir haben gedacht, hier kann nie was passieren, hier sind wir in Sicherheit.

Die Sirenen gingen erst los, als schon alles zusammengebrochen war. Dann ist irgendeinem eingefallen, man müsste mal Fliegeralarm geben. Vermutlich wollten die Alliierten ein Munitionsdepot treffen, das an einer Bahnlinie ganz in der Nähe eingerichtet war. Im Ahornweg und den angrenzenden Straßen in Bergisch Gladbach wurden dadurch fünfunddreißig Häuser auf einen Schlag zerstört. Als es losging, liefen wir in den Keller. Auf dem Weg nach unten hat es das Haus schon erwischt, und es brach zusammen. Es waren fünf Bomben wie an einer Kette, die sich wie ein Kreis um das Haus legten und es zusammenstürzen ließ. Mein Vater schaffte es bis in den Keller, ich hing unter der rausgebrochenen Kellertür und meine Mutter lag mit dem Kopf unter dem Gasherd.

Das Lager mit polnischen Arbeitern ist zum Glück nicht getroffen worden. Die Polen wurden vom Lagerkommandanten sofort rausgelassen. Dadurch sind wir gerettet worden. Während die Bomben noch fielen, fingen einige Polen schon an uns auszugraben. Zuerst fanden sie meine Mutter, dann zogen sie mich nach sieben Stunden unter der Kellertür raus. Meine Mutter hatte beide Arme gebrochen und den ganzen Kiefer kaputt. Mir war zum Glück nicht viel passiert. Mein Vater war mit den Beinen zwischen zwei Eisenträgern eingeklemmt und konnte nicht raus. Wir hatten aber über ein Loch eine Verbindung zu ihm in den Keller geschaffen. Er hatte so einen Durst. Ich bin dann los und besorgte ein kleines Töpfchen Milch. Das haben wir ihm dann an einem Strick runtergelassen, damit er was trinken konnte. Es dauerte bis tief in die Nacht, bis er ausgebuddelt war.

Die meisten Nachbarn sind übrigens in ihren Kellern ertrunken, weil das Wasser schnell anstieg und sie sich nicht aus den Kellern befreien konnten. Vermutlich waren Wasserleitungen getroffen worden.

Oben auf dem ganzen Schutthaufen lagen meine wunderbaren Stiefel, die mein Vater bei den polnischen Arbeitern für mich hatte anfertigen lassen. Als der Ortsgruppenleiter vorbeikam und sich die Schäden besah, konfiszierte er diese Stiefel mit der Begründung, dies seien Militärstiefel. Wir wagten nicht, ihm zu widersprechen. So lief ich in ein paar Herrenschuhen umher, die Herr Miserotti dagelassen hatte und die ich mir in den Spitzen mit Zeitungspapier ausstopfte, damit sie einigermaßen passten. Von meinem Schwiegervater fand ich einen Wintermantel, einen riesigen Ulster. Er war warm und trocken, wie lecker ich damit aussah, interessierte keinen und mich am wenigsten. Wo gab es denn noch Spiegel in dieser Zeit?

Meinen Vater brachten sie in das katholische Krankenhaus auf den einen Berg in der Stadt und meine Mutter auf
den gegenüberliegenden Berg in das evangelische Krankenhaus von Bergisch Gladbach. Wo sie mich lassen sollten, wussten sie nicht. Irgendjemand kam dann auf die
Idee, man könnte mich auch mal untersuchen, weil ich
ja schwanger war. Der untersuchende Gynäkologe stellte
fest, dass das Kind keine Herztöne mehr hatte. Daraufhin
haben sie mich auch dabehalten. Der Gynäkologe meinte, bei einem Schock könnte es sein, dass sich das Kind
wieder erholen würde. Dann fragte man nach dem Vater
des Kindes. Ich hatte nur die Feldpostnummer und wusste nicht, wo sich mein Mann zu dem Zeitpunkt aufhielt.
Der Ortsgruppenleiter hatte so viel Anstand, dass er bestimmte, die Einheit meines Mannes müsse benachrichtigt
werden. Das Kind wäre in Gefahr. Auf Kinder waren sie
wahnsinnig verrückt. Ich hätte draufgehen können, alles
hätte draufgehen können, aber die Kinder wollten sie um
jeden Preis haben.

Wegen diesem ungeborenen Kind bekam die Einheit meines Mannes einen Funkspruch, der Vater wäre dringend
vonnöten und er müsse sofort zurückkommen. Er bekam
einen Urlaubsschein und brauchte mehr als drei Wochen,
um von Prag nach Bergisch Gladbach durchzukommen.
Sein Urlaubsschein galt eigentlich nur drei Wochen, wurde dann aber in Bergisch Gladbach verlängert.

Er hatte den Rucksack voll mit Dingen, die er unterwegs
erwischen konnte. Irgendwann musste ich ihm wohl mal
erzählt haben, dass ich als Kind Lebertranemulsion bekom-

men hatte und mir das schmeckte. Jetzt war sein Rucksack voll damit. Man hat damals die unsinnigsten Dinge getan. Immer in der Hoffnung, man könnte es irgendwie gebrauchen.

Vom Staat hatten sie so kleine Autobusse, die mit der Aufschrift „Erste Hilfe, Dr. Göbbels" durchs Land fuhren. Da erwischte ich mal ein paar warme Herrenunterhosen, ein Paar gestrickte Wollsocken und ein halbes Dutzend viereckiger Tücher zum Einwickeln meines erwarteten Kindes.

Erst mal mussten wir warten, bis mein Vater aus seinen Gipsbeinen raus war. Er hatte die „graue Katze" und ihren Mann im Sauerland angeschrieben und nachgefragt, ob sie eine Möglichkeiten sähen, dass wir sie besuchen könnten. Wir mussten es so formulieren, dass die dortige Kreisleitung nicht sagten, sie nähmen keinen mehr auf. Denn Flüchtlinge gab es schon zuhauf. Auch der Gauleiter von Bergisch Gladbach musste zustimmen.

Als der nächste Fliegeralarm kam, wurde ich hysterisch. Ich lag im Keller des Krankenhauses auf einer Holzpritsche. Ich wurde fast wahnsinnig vor Angst. Da hat mich das Kind kräftig getreten. Davon habe ich den Schwestern erzählt mit dem Ergebnis, dass ich entlassen wurde, weil das Kind höchst lebendig war. Ich stand also auf der Straße und wusste nicht wohin. Meine beiden Eltern lagen in zwei verschiedenen Krankenhäusern, und mein Mann war irgendwo unterwegs. Von der Ortsgruppenleitung wurde ich in eine Schule eingewiesen, da lagen Rosshaarmatratzen auf dem Boden zum Schlafen. Von einer Gulaschkanone gab es das tägliche schmale Essen. Ich wurde gefragt, ob ich keine Bekannten hätte, zu denen ich gehen könnte. Aber ich war nicht aus Bergisch Gladbach, und mein Mann, der sicherlich viele Kontakte hier hatte, war nicht zur Stelle. Mir fiel nur ein, dass meine Schwiegermutter mal von Bekannten auf der Hauptstraße 153 erzählte, die nicht mehr da waren und deren Wohnung leer stand. Diese Wohnung wurde dann für uns beschlagnahmt, und ich wurde dort eingewiesen. Im Hause wohnte eine Frau Keller und eine Frau Wuschke. Ganz Bergisch Gladbach stand unter dem Schock dieser Fliegerangriffe. Aus Aachen waren wir das längst gewöhnt, die Gladbacher aber nicht. Wenn die Sirene ging, dann rannten die Menschen und flohen so schnell wie nur irgend möglich in den Bunker, der gegenüber in einem Berg lag.

Die beiden Damen waren sehr wütend, dass wir da einquartiert wurden. Sie hatten die Idee, sie könnten beklaut werden. Im Keller hatten sie sich einen Koffer hingestellt, in dem sie Fotoapparate für ihre Söhne verstaut hatten. Schweres Zeug, und in der damaligen Zeit völlig unnütz. Wer gab einem schon Brot oder Butter für einen Fotoapparat? Um diesen Keller zu schützen, sperrten die beiden immer die Türen zu, sodass wir weder rein- noch rauskamen. Wir hatten ja keinen Hausschlüssel. Wenn die Sirene ging, stand ich weinend vor der Tür und kam nicht raus. Deshalb hatte ich Streit mit den beiden bekommen. Der Ortsgruppenleiter bestimmte dann, dass die Hintertür immer offen zu bleiben hätte. Wenig später behaupteten die beiden dann, die Koffer mit den Fotoapparaten wären durch meine Schuld weg. Noch dreißig Jahre später erfuhr ich von meiner Schwiegermutter, dass sie immer noch dahin ging, um der Frau Wuschke ein Weihnachtsgeschenk zu bringen, damit sie über den Verlust ihres Koffers hinwegkommt!

Ich hatte einen Helfer, der mit einer Handkarre alles noch halbwegs Brauchbare und vor allem Essbare aus dem Haus meiner Schwiegereltern herausholte und mit mir teilte. Er stand eines Tages vor der Türe und sagte: „Sind Sie die Inhaberin von dem Haus Ahornweg 13?" Und ich sagte ihm, es sei das Haus meiner Schwiegereltern. Er sagte, es sei zwar zusammengebrochen, aber er wollte versuchen, aus den Trümmern was rauszuholen. Er brauchte dazu von mir eine Genehmigung, die ich ihm gerne erteilte. Ich konnte mit meinem dicken Bauch mitten im Winter nicht mehr im Schutt graben. Wir verabredeten, dass er als Lohn für seine Arbeit von allen Lebensmitteln, die er findet, die Hälfte bekam. Damals war das wirklich das Wichtigste, weil man nicht wusste, was es auf staatliche Zuteilung noch gab. Die Kost wurde immer karger. Durch diesen Helfer kamen ein paar „alte Männer" in die neue Bleibe.

Zum Schluss verließ ich den Bunker überhaupt nicht mehr. Ich bin einfach drin sitzen geblieben, bis mein Mann kam. Ich war wie ein verschüchtertes Kätzchen, dass sich in einer Ecke versteckt. Ich habe nicht gedacht, dass ich das überlebe. Mein Vater wurde aus dem Krankenhaus entlassen. Er strahlte eine ungeheure Ruhe und Zuversicht auf mich aus. Damit ging es mir besser. Aus dem Sauerland kam der ersehnte Brief, dass wir kommen konnten. Wir haben uns sofort auf die Beine gemacht und sind dorthin.

16. Die Flucht ins Sauerland

Der Weg ins Sauerland war keine 150 Kilometer weit, dauerte aber über drei Wochen, weil wir den größten Teil zu Fuß gehen mussten und nicht immer weiterkamen. Ich war im achten Monat schwanger und schon ziemlich rund. Mein Mann begleitete uns.

Wir bekamen in Köln-Deutz einen Zug, der weiter ins Reich reinfuhr. Das ging allerdings nur mit Unterbrechungen. Als auf der Strecke die Schienen kaputt waren, mussten wir alle aussteigen und zu Fuß weiterlaufen bis zum nächsten Bahnhof und dort auf den nächsten Zug warten. Der Bahnhof stand halb unter Wasser. Mal hatten wir auch nur einen Zug mit Viehwagen dran, dann auch mal einen mit Zweite-Klasse-Abteilen. Einen Ort mussten wir komplett umlaufen.

Die genaue Strecke weiß ich nicht mehr, es ging ja kreuz und quer. Irgendwie näherten wir uns dem Sauerland. Unser Zielbahnhof sollte Fredeburg sein. Von Fredeburg aus fuhren wir dann mit Pferdefuhrwerken weiter.

Wir schliefen in Scheunen oder in abgestellten Bahnwaggons. Jeder von uns hatte einen stabilen Kopfkissenbezug dabei, in den wir reinstopften, was wir besaßen. Den konnte man über die Schulter hängen. Nur mein Mann schleifte zwei unhandliche Koffer mit. Als wir nach Wochen endlich ankamen, fing es langsam an Frühling zu werden. Bis

Dorten, 6. März 45

Liebe Mutti, lieber Vater,

nun sollt Ihr endlich den längst
fälligen Bericht haben. Leider ist die
Tinte zu Ende, daher mit Bleistift.
Ich bin bis jetzt vor lauter Betrieb,
Aufregung, Evakuierung erst nicht
zum Schreiben gekommen. Also
jetzt mal schön der Reihe nach:
~~Die Fahrt von Kalmiestadt nach~~
B.g. war ein Volksfest 1. Ordnung.
In Magdeburg bin ich erstmal
zu Fuss bis zum Hbf. Dort fuhr
dann gegen Abend ein unheimlich
überfüllter Personenzug nach Hannover.
H. ist wohl der schlimmste Bahnhof
der einem z. Zt. begegnen kann.
Oben hat es gegluht und unten statt
knietief Wasser, also zum Anmelden
Ich habe mich für die nassen Füsse

101

zubetrieben. Dort habe ich dann
bis morgens um 6 im Wasser gestanden,
dann Personenzug bis Altenbeken.
Dort ein schneidiger Tiefangriff, große
Panik und alles ein großes Durcheinander. 2 Stund im Turnmarsch und
abends ein Personenzug nach Warburg.
Zwischendurch wieder Angriff und dann
in Warburg Schluss. In diesem Stil
bin ich bis B. G. gekommen, von
Römath übrigens wieder per pedes.
Vischers waren in Kierdorf leider Wohnung
sie waren ihnen zufällig vom Bürgermeister
als Notwohnung zugewiesen. Er lag
noch im Krankenhaus, sie war grade
aus dem Gips gekommen; alle waren
leicht durcheinander, und wenn die
Sirene ging, war alles restlos aus dem
Häuschen. Sonst aber über mein Kommen
allerseits große Freude.

2/ Am nächsten Tag bin ich dann
zu unserm ehemaligen Heim gegangen,
der Angriff war am 3. Februar, nachmittags
14½ Uhr. Es wurde ein Teppich geworfen,
der hauptsächlich den Ahornweg mit
Bahndamm getroffen hat. Von den
Häusern dort stehen noch zur Hälfte
das von Unterbusch und das folgende
nach Kippermühle hin, sonst ist
alles par terre. Tot sind von näheren
Bekannten Vonarb, Tran und die
alten; Reifferscheid, außer dem alten,
der ist aber restlos futsch, – Frischen alle –
Schmalenbach Mann und eine Tochter –
Bambach – Frau Schlebusch und noch
eine ganze Menge andere, die ich nicht
näher kenne. Auch von Birkenbusch
sind mehrere Tote. Kremser ist sofort
abgereist und hat bislang nichts mehr
von sich hören lassen.

unser Haus selbst hat einen Treffer
bekommen etwa in die Aussenecke
von Garage und Küche. Ein anderer
auf Bechers Haus und den 3. mitten
in den Garten. Alles schwere Bomben
von etwa 12 – 15tief Trichter. Aber vom
Haus ist alles weg. Gerettet sind
lediglich einige Kleinigkeiten, die
sich in der oberen Etage befanden,
hauptsächlich etwas Wäsche und Kleid
von Euch, mehrere Schuhe, leider
meistens nicht paarweise. Von Vaters
Fotosachen nur ein paar alte Familien-
bilder, diese aufgeklebten mit Onkel
Paul, Bruno usw. Ich habe alles
nach Kuckuckenlos geschafft, es war
2 Handwagen voll. die Radewanne
stand noch ziemlich unversehrt auf
dem Schutt.

3/ Die Gärten sehen schlimm aus.
Zäune, usw. sind weg. Es stehen noch
lediglich die 3 Birken vorne und
hinten. Obendrauf wächst ein
Tannenbäumchen, das wohl durch
den Luftdruck dorthin gekommen
ist. Also im Ganzen gesehen
ist ziemlich alles zum Teufel.
~~Wir würden eben schon nach dem~~
Krieg noch soviel aus dem Stück zu
machen, wie zu machen ist.

2 Tage drauf habe ich dann
die gesamte Familie nach Westfalen
evakuiert. Den Roman davon, es
war bestimmt einer — erzählt Dir
später. Einen Tl-Ausweis habe
ich hier. Wenn es geht, schicke ich
ihn per Einschreiben.

105

dahin war es ein bitterlich kalter Winter.

Im Sauerland hatten sie bislang nicht viel Ahnung vom Krieg gehabt. Das Land war so satt, wie wir es seit Monaten nicht mehr erlebt hatten. Da lag ein Bauernhof neben dem anderen, und den Bauern ging es verhältnismäßig gut. Wie es in den kleineren Städten aussah, weiß ich nicht. Wir sind nach Grimmlinghausen gekommen, dort standen fünf Bauernhöfe und ein kleines Kapellchen. Wir bekamen bei einem Bauern ein großes Zimmer mit einem Doppelbett und bei einem anderen Bauern ein kleines Zimmer mit einem kleinen Bett. Mein Vater arrangierte es so, dass ich bei meiner Mutter blieb und wir das große Zimmer nahmen. Dieses war sogar beheizbar, und es gab auch genug Holz.

Mein Mann konnte nicht bleiben, er sollte zurück an die Front. Er verabschiedete sich von mir, fuhr aber, wie ich später erfuhr, mit einem am Wegesrand gefundenen Fahrrad, das er sich mühsam fahrtüchtig gemacht hatte, nach Bergisch Gladbach, anstatt an die Front. Dort baute er sich im zerstörten Haus seiner Eltern eine Art Unterstand, in dem er sich versteckte. Eine frühere Klassenkameradin brachte ihm hin und wieder etwas Essen vorbei. Er hatte ja keine Marken und konnte sich als junger dienstfähiger Mann nirgendwo blicken lassen.

Im Sauerland mussten wir natürlich mit anpacken. Ich war hochschwanger und das Erste, was ich zu tun bekam, war ein Butterfass, das ich stundenlang drehen musste. Das konnte ich im Sitzen machen. Für unsere Arbeit bekamen wir auch etwas, und wir taten sie alle mit Begeisterung. Der Krieg schien weit weg, es gab genug zu essen und vor allen Dingen keinen Fliegeralarm. Das ist sehr erholsam für die Nerven.

Meine Mutter hatte von der Bombardierung in Bergisch Gladbach noch eine Brandwunde am Arm, die nicht verheilte. Eines Tages kam eine Sanitätseinheit durch den kleinen Ort mit einem Arzt. Die Bauern nahmen sie auf und bewirteten sie. Ein kleiner Berliner Arzt sah sich den Arm meiner Mutter an und sagte: „Um Gottes Willen! Was tun sie da drauf?" Sie zeigte ihm eine Dose Zinksalbe, die sie seit ihrem Krankenhausaufenthalt auf die Wunde schmierte. Er säuberte die Wunde gründlich und das hieß: Er schnitt sie aus. Mit Dermatolpuder wurde das behandelt. Sie musste die Wunde täglich mit dem Puder versorgen und nach einigen Monaten schloss sich die Wunde langsam vom Rand her.

Eines Tages stand ich im Garten unserer Gastfamilie und spürte, das Kind will raus. Es war noch etwas zu früh. Ich sagte meiner Mutter Bescheid, und sie informierte einen Arzt, der aus Fredeburg kam und in der Nähe bei einem anderen Bauern einen Schlafplatz hatte, so wie wir auch damals in Würselen. Der war ein Hundertprozentiger und behauptete, ich hätte Wehen und dürfte das Kind nicht hier bekommen, weil meine Mutter eine eitrige Sache an ihrem Arm hätte. Dadurch könnte ich Wundfieber kriegen und ich weiß nicht, was noch alles. Irgendwie wollte er mich weghaben. Der Bauer spannte seinen Wagen an, setzte mich obendrauf und fuhr mit mir nach Winterberg. In der Nähe von Winterberg war ein Frauenheim der Nazis, in dem die Frauen wohlbehütet ihre Kinder kriegten. Ein riesengroßer Bau. Sehr gepflegt, wie im tiefsten Frieden. Es schliefen immer zwei Frauen in einem Zimmer. Es gab genügend zu Essen, sogar morgens frische Brötchen, Marmelade, Milchsuppen und Kaffee. Es gab frische Bettwäsche, und wir konnten warm Duschen. Mit anderen Worten: Es war himmlisch, und das mitten im Krieg.

17. Meine erste Geburt

Anscheinend hatte ich nur Senkwehen. Als ich dort war, dachte das Kind gar nicht daran zu kommen. Damals wusste ich noch gar nicht, wie das Kinderkriegen ging. Wenn die Regel ausblieb ging man als Frau zum Artzt und der sagte einem dann, man kriegt ein Kind und rechnete einen Termin aus. Auf Halbzeit suchte man sich eine Hebamme aus, und wenn es so weit war, holte man sie. Damit hatte es sich. Es wurde nicht soviel Aufhebens darum gemacht wie heute. Die Frauen von heute wissen von Anfang an viel besser Bescheid.

Ich bin dort zehn Tage geblieben und ließ es mir gut gehen. Auf einmal marschierten die deutschen Soldaten in Richtung Berlin. Nach einer Weile fluteten sie wieder zurück. Die Straße war nie leer, ständig marschierten sie. Sowas hatte ich doch schon mal erlebt. Ich wurde hellhörig. In Würselen ging es genauso, als der Rückzug stoppte und sie eine Verteidigungslinie aufmachten. Das wollte ich nicht nochmal erleben. Ich ging zur Leiterin des Mütterheimes und fragte bei ihr nach, was hier passierte. Sie konnte es mir nicht sagen. So sprach ich Soldaten auf der Straße an und erfuhr, dass sie oben in Winterberg eine Verteidigungslinie aufbauen sollten. Mir war klar: Hier bleibe ich nicht, und wenn ich verhungerte.

Wie gewöhnlich: Es regnete. Ich wollte wieder zurück. Es gab keine Transportmittel, also musste ich wieder laufen. Ein paar andere kamen auch mit. Die Leiterin unterrichtete in Dorlar den Gauleiter, dass ich hochschwanger zu Fuß unterwegs wäre. Dieser wiederum strampelte mit seinem Fahrrad zu meinen Eltern nach Grimminghausen und unterrichtete sie von meinem Kommen. Daraufhin fuhr mir mein Vater mit einem geliehenen Fahrrad entgegen. Zum Teil wurde ich auf einem Panzer mitgenommen, aber den größten Teil des Weges musste ich laufen. Mein Vater traf mich mitten auf der Landstraße, und wir gingen gemeinsam den Weg zurück. Ich war am Morgen in der Früh aufgebrochen, und gegen Mitternacht lag ich wieder in Grimmlinghausen im Bett, völlig erledigt von dem langen Marsch bei Regen, mit meinem dicken Bauch.

Die Bauern schliefen nachts nicht mehr in ihren Höfen. Wie man hörte, waren Aachen und Köln eingenommen, die Amerikaner kamen über den Rhein voran. Die meiste Angst hatten sie allerdings vor den Belgiern, weil sie den Ruf hatten, besonders ruppig zu sein. Die eindringende Truppe ist immer eine schweinische Truppe, das war bei den Deutschen und ihren Vormärschen nicht anders. Aus Angst schliefen die Bauern in den Heuschobern und Tennen. Meine Eltern hatten das einen Tag lang mitgemacht und dann entschieden, im warmen Bett im Haus zu schlafen. Sie überlegten sich: Wenn die Amerikaner schießen, dann schießen sie in das ganze Dorf hinein und nicht nur gezielt auf einzelne Häuser. Ob sie dann den Heuschober oder das Haus treffen, lässt sich vorher nicht sagen. Vermutlich beides. Dann konnte man genauso gut im Haus die Nacht verbringen. Meine Eltern waren durch die Flucht und die monatelange Nähe zur Frontlinie natürlich anders daran gewöhnt als die Sauerländer Bevölkerung, die vor Angst fast starb.

Eines Morgens, Anfang April, kamen die Amerikaner in Jeeps durch den Ort. Es war ein herrlicher Frühlingstag, als die Fahrkolonne eintraf, und kein Schuss fiel. Sie hatten deutsche Juden dabei, die dolmetschten für sie. Meine Mutter hatte ein Händchen dafür und sorgte sofort für Kontakt mit ihnen. Die Amerikaner belegten die Räume und die Betten in den Bauernhöfen. Jetzt mussten sie also im Heu schlafen. Nur der Bauernhof, auf dem wir zu Gast waren, bildete eine Ausnahme: Wir durften bleiben. Als erstes packte der Bauer seinen Speck und seine Schinken unter das Bett meiner Mutter, weil dies jetzt der sicherste Platz im Ort war.

Die Amerikaner richteten sich ein Quartier ein, von dem aus sie weiter operierten. Sie ließen bei den spielenden Kindern der Bauern vor den Tennen Schokoladenstücke und Apfelsinen liegen, als ob es Abfall wäre. Die Kinder holten sich das mit leuchtenden Augen. Es waren einige Farbige dabei, die den Kindern besonders zugetan waren. Es war keine kämpfende Truppe, es war der Nachschub. Sie hatten auch eine Sanitätseinheit dabei, und ich hörte von einer Frau aus dem Nachbardorf, die bei ihnen ihr Kind geboren hatte. Ich dachte, jetzt wird alles gut, ich habe ärztlichen Beistand, der Krieg ist für uns vorbei.

Meine Tochter wurde am 18. April 1945 geboren. Am 16. lösten sie alles auf und die Amerikaner zogen weiter in Richtung Berlin. Ich stand morgens im Garten und stellte fest, dass die Fruchtblase gerissen war. Ich hatte zwar noch keine Wehen, aber meine Mutter meinte, jetzt ginge es los. Die nächste Hebamme lebte in einem Nachbardorf jenseits eines lang gestreckten Berges. Meine Mutter latschte auf ihren zerschlissenen Turnschuhen los, um diese Frau zu holen. Die sagte ihr bedauernd, es täte ihr leid, aber sie dürfte, aufgrund der Weisungen der Amerikaner, ihr Dorf nur mit einer Ausnahmegenehmigung des neu eingesetzten Bürgermeisters verlassen. Und der lebte wiederum in einem anderen Dorf, wieder mit so einem massiven Berg dazwischen. Also latschte meine Mutter weiter zu dem Bürgermeister, holte die Genehmigung ein, ging wieder zurück zur Hebamme und brachte sie mit zu uns. Als sie ankam, lag meine Tochter bereits auf meinem Bauch und musste nur noch abgenabelt werden. Es war inzwischen tiefe Nacht geworden.
Mein Vater hatte so ein kleines Stückchen Kerze verwahrt. Man wusste ja nie, wann man es mal brauchen konnte.

Jetzt spendete es uns gute Dienste. Der Bauer hatte den Strom abgestellt. Elektrischer Strom war von den Alliierten streng rationiert, und er verschwendete keinen Strom für uns Einquartierte. Das Einzige, was die Bäuerin für uns tat, war das Aufsetzen eines großen Waschkessels, damit wir immer heißes Wasser hatten. Sie selber hatte zwar dreizehn Kinder, aber sie konnte oder wollte mir nicht helfen. So blieb nur mein Vater, der auch keine Ahnung hatte, wie man Kinder kriegt. Er hielt tapfer die Kerze in die Luft, damit ich was zu sehen hätte, was ich gar nicht sehen wollte, und betete: „Gelobt seist du, Maria, ...". Er schwor dem Herrgott ich weiß nicht was, wenn es gut und schnell über die Bühne ging. Und ich sollte keine Schmerzen mehr haben. Ich weiß nicht, was er noch alles herbeiflehte und geredet hat. Er war vollkommen neben sich und wusste nicht mehr, was er tun sollte. Früher hatten die Männer überhaupt nichts mit Geburten zu tun. Während die Frauen die Kinder bekamen, gingen sie mit ihren Freunden nach nebenan in die Kneipe und tranken sich einen. Wenn das Kind dann da war, hatten sie meistens schon einen leichten in der Krone, und dann wurde erst so richtig gefeiert.

Die Gisela war ein Bild von einem Kind. Andere haben keine Haare auf dem Kopf und sind ziemlich verschrumpelt. Gisela aber hatte rosige Bäckchen, himmelblaue Augen und schwarze Löckchen. Sie war was sehr Süßes. Meine Mutter fragte die Bäuerin, ob sie nicht die Patenschaft übernehmen wollte, und sie sagte zu. Das Ganze hatte einen einfachen Grund: Meine Mutter hoffte, die Bäuerin wird ihrem

Patenkind doch wenigstens Milch zur Verfügung stellen. Deswegen ist das Kind mit dem zweiten Namen Huberta geschlagen, weil die Bäuerin so hieß und es üblich war, die Kindsnamen nach den Paten auszusuchen.

Nach der Geburt am Mittwoch wurde sie am Sonntag in einem kleinen Kapellchen im Ort getauft. Es durfte ja keiner das Dorf verlassen, um zum Beispiel zur Kirche nach Dorlar zu gehen. Nur der Priester durfte sich von Dorf zu Dorf bewegen. Die Bauernhöfe ringsum feierten mit. Der Krieg war vorbei, die Besatzer durch, ein Aufatmen wird wohl so mancher empfunden haben. Alle kamen vorbei, besuchten mich im Wochenbett und bewunderten das Kind. Sie brachten Geschenke mit, vor allem Lebensmittel, die wir dringend brauchten. Sie wurden aber vom Bauern eingesammelt. Es gab sogar Kuchen mit Schlagsahne! Da setzte sich der Bauer an mein Bett und sagte, das wäre für eine Frau im Wochenbett nicht gut und nahm mir auch den Kuchen noch weg. Mein Vater war ein Mensch, der sehr tolerant war und sich nicht mit ihm anlegen wollte. Wir durften ja nicht reisen und mussten sehen, dass wir ein trockenes Dach über dem Kopf behielten. Lediglich für das Kind rückten sie was raus. Es gab genug Windeln und Kinderkleidung, denn das war das Ressort der Bäuerin, da kümmerte sich der Bauer nicht drum. Auf dem Speicher fand sie einen alten Kinderwagen, den machte mein Vaer dann zurecht. Er wurde mit Stroh ausgepolstert. Wenn man die Halme dreht und umwickelt, kann man eine richtige Matratze daraus machen. Als Bettchen diente uns ein altes kleines Körbchen.

Die Hebamme machte mich darauf aufmerksam, dass meine Muttermilch zu dünn war und das Kind Hunger haben wird. Das war nichts Ungewöhnliches zur damaligen Zeit, weil wir alle ausgemergelt waren. Sie schlug vor, dem Kind Kuhmilch in Verbindung mit Gersten- oder Haferschleim zuzufüttern. Zum Glück gab es das noch. Bei den Bauern der Umgebung konnten wir Graupen kaufen. Weil die Bäuerin die Patin war, bekamen wir auch Milch für das Kind. So kriegten wir sie über Nacht satt.

Dieser Bauer war von einem ganz besonderen Holz. Sein Sohn war mit einem Kopfschuss im Lazarett. Als er in seiner Uniform zu Fuß Zuhause ankam, nahm ihn sein Vater und überstellte ihn den Amerikanern. Statt ihm Zivilkleidung zu geben und ihn ins Bett zu stecken, hat er ihn lieber ausgeliefert, weil er kein Risiko eingehen wollte. Der Sohn sollte seine Zeit ruhig absitzen, das würde ihm schon nicht schaden. Das sind die Sprüche der Feiglinge. Wegen solcher Leute hat sich Hitler so lange halten können.

Aus den Lagern mit polnischen und russichen Arbeitern in der Nähe zogen ausgehungerte Gestalten durch die Dörfer und nahmen den Bauern alles Essbare weg, wenn die Amerikaner gerade nicht hinschauten. Sie banden sich Maschinengewehre und Patronengurte um und sahen verwegen aus. Jetzt, wo die Amerikaner weg waren, fürchteten sich die Bauern vor den Zwangsarbeitern.

Als sie zu uns kamen, ging meine Mutter ihnen mit den polnischen Worten: „Wie schön, dass ihr endlich kommt!" entgegen. „Wir haben schon auf euch gewartet. Habt ihr uns was mitgebracht?" Es wurde sofort erzählt und gequatscht und das Kind herumgereicht. Keiner kam auf den Gedanken, dieses Haus zu durchsuchen oder gar unter dem Bett meiner Mutter nachzusehen.

Wenn ich mit dem Kind spazieren ging und bei den Lagern vorbeikam, zogen sie mich hinein, reichten mein Kind herum, legten es mir auf den Arm und füllten mir den Kinderwagen mit Lebensmitteln, die sie woanders organisiert hatten. Meine paar polnischen Brocken reichten gerade so aus. Als ich Zuhause ankam, rief mein Vater erschrocken: „Bist du noch zu retten?" Ich sagte, ich könne es nicht ändern. Entweder ich gehe nicht mehr da herum, oder ich bringe was mit. Als wir mal nichts mehr zu essen hatten, sagte meine Mutter: „Geh was spazieren mit dem Kind." Für Geld bekam man ja nichts mehr. Die Bauern hatten schon etliche Perserteppiche gehortet und wer weiß was noch alles von den Leuten aus der Stadt, die während des Krieges zu ihnen herauskamen, um nach Lebensmitteln zu fragen.

Nach wie vor drehte ich jeden Samstag stundenlang das Butterfass. Dafür bekam ich ein Viertelpfund davon. Das teilten wir uns eine Woche lang ein.

Mein Vater hat einen großen Perlmuttknopf, den er irgendwo gefunden hatte, in der Mitte ausgelöchert. In dieses Loch stopfte er einen Flaschensauger und diesen stopfte er mit Korken aus. So hatten wir einen selbstgebastelten Lulu, einen Schnuller für das Kind.

Als das Kind ungefähr drei Wochen alt war, tauchte mein Mann auf und ich erfuhr, wie es ihm ergangen war. Er sah schrecklich aus.

Überall an den Wegesrändern lagen von der deutschen Armee verlassene Fahrzeuge. Mein Mann zog mit meinem Vater los und schleppte an, was irgendwie brauchbar war, um daraus einen Pferdewagen zu bauen. Sie fanden Bretter, Reifen, Sitze, Planen und bauten das alles zusammen. Auf der Nähmaschine der Bäuerin nähte ich aus kleinen Resten von Planen wieder eine größere Plane zusammen, die uns Schutz bei Regen geben sollte. So entstand ein Leiterwagen, mit dem wir wieder in Richtung unserer Heimat fuhren, als wir ein altes Armeepferd kaufen konnten. Der Krieg war noch nicht offiziell aus, aber das Ende war abzusehen.

Wir übernachteten fast immer bei Bauern. Meine Mutter und ich bekamen bei den Bauern meistens ein Bett, während die Männer mit dem Pferd im Stall schliefen. Gegen Geld gab es auch schon mal eine Suppe oder ein paar Kartoffeln. Mein Mann entpuppte sich als Überlebenskünstler. Er baute am Wegesrand aus Steinen einen Ofen und kochte, was wir auf den Feldern fanden.

Wir gingen zuerst nach Bergisch Gladbach. Am Tag des Kriegsendes ließ sich mein Mann eine Wohnung zuweisen, damit wir ein Dach über dem Kopf hatten. Ich bleib mit meiner Mutter und meiner kleinen Tochter erst einmal dort. Unsere Männer gingen weiter nach Aachen. Mein Vater wurde sofort wieder für die SPD in den Stadtrat gewählt. Er war vor dem Dritten Reich schon mal im Stadtrat, nicht aber unter den Nazis. Die Männer organisierten eine Wohnung und erhielten unsere Möbel wieder. Einige Teile waren durch den Krieg in der Dienststelle der Polizei in Würselen gelandet. Durch Zufall kamen sie dort hinein und sahen den Esstisch mit den bezogenen Polsterstühlen. Da sie beweisen konnten, dass es unsere Möbel waren, wurden sie anstandslos herausgegeben.
Sowas war damals kein Diebstahl. Man musste sich einfach nehmen, was man zum Überleben brauchte. Wir taten es auch und in unserer Wohnung bedienten sich andere. Das hieß nicht stehlen, das hieß organisieren. Es gab dafür auch keine Bestrafungen.

Wir wohnten dann einige Jahre in der Luisenstraße mit meinen Eltern zusammen. In der alten elterlichen Wohnung in der Heinrichsallee wohnten jetzt andere Leute, die kriegte man nicht da raus. Es gab keinen Wohnraum, und es war unmöglich, Leuten zu kündigen. Wohnraum wurde zugewiesen, wie auch wir in Bergisch Gladbach zugewiesenen Wohnraum bekommen hatten.

18. Die Zeit nach dem Krieg

Die Firma meines Vaters wurde nicht durch die Bomben der Alliierten zerstört, sondern durch die Nazis. Wir erfuhren, dass die SS auch andere mittlere und kleinere Betriebe angesteckt hat. Dies lief nach dem Motto: Wir lassen verbrannte Erde hinter uns.

Aachen war eine der wenigen Städte, die von den Nazis geräumt wurde. Ich glaube, der Kreisleiter Schmeer dachte an die Menschen und wollte sie aus der Stadt haben. Niemand wusste ja, wie uns die Amerikaner und Engländer behandeln würden.

Als mein Vater seinen Betrieb wiedersah, fand er keine Maschine mehr, die funktionierte. Er wohnte seinerzeit als Junge mit seinem Eltern im Hause Dillschneider. Diese Familie betrieb eine Sattlerei, die vom Sohn übernommen worden war, der in etwa im Alter meines Vaters war. Für mich war es immer „der alte Dillschneider". Die Dillschneiders hatten noch große Schneidemaschinen für Ledertreibriemen und betrieben ihre Sattlerei in der Nähe des Kaiserplatzes. Schräg gegenüber war die Firma Kubben, die Planen anfertigte und große Nähmaschinen besaß, mit denen man auch Leder nähen konnte. Diese drei, der

Dillschneider, der Kubben und mein Vater mit seinen Kontakten und Ideen, taten sich zusammen und fingen nach dem Krieg nochmal neu an. Mein Vater verkaufte das Betriebsgelände in der Rudolfstraße und brachte das Kapital in die neue Firma ein. Er sprach seine alten Kunden an und brachte das Geschäft wieder ans Laufen.

Sie stellten vor allem Treibriemen für Handwerksbetriebe und für Nähmaschinen her. Auch die Aachener Verkehrsbetriebe bestellten wieder ihre Lederstricke bei uns. Diese Riemen waren rundgeschnitten und liefen durch die ganze Straßenbahn. Wer aussteigen wollte, zog daran und es ertönte ein Signal. Die Geschäfte entwickelten sich nur langsam, weil es noch nicht soviel Geld gab.

Die uns zugewiesene Wohnung in der Luisenstraße bewohnten zwar meine Eltern mit mir, meinem Mann und unserer Tochter gemeinsam, aber sie war dennoch viel zu groß für unsere Verhältnisse und für die damalige Zeit. Mein Vater stellte daher dem Stadtrat zwei Räume dieser Wohnung zur Verfügung, da das Aachener Rathaus anfangs nicht benützt werden konnte und der Rat einen Ort brauchte, wo er ungestört alle zwei bis drei Tage tagen konnte. So gingen die Stadträte bei uns ein und aus und klüngelten, wie es in Aachen unter der Besatzung weitergehen sollte. Es war eine aufregende Zeit.

Der Hauseigentümer wohnte im ersten Stock. Er hatte einen Freund auf der Oppenhoffallee, der früher mit in dem Haus Luisenstraße gewohnt hatte und den er gerne wieder aufgenommen hätte. Stattdessen hatte er nun uns am Hals. Er hatte was gegen diese Treffen und das ständige

Kommen und Gehen. Manchmal dachte ich, er hätte auch was gegen uns. Da war ein kleines Kind, das krähte, und er liebte es eher ruhig. Der Vermieter versuchte wiederholt, uns aus der Wohnung zu bekommen, schlug sogar vor, wir sollten mit seinem Freund die Wohnung in der Oppenhoffallee tauschen. Es war ein Geschiebe und Gezerre. Bis der Oberbürgermeister ein Machtwort sprach und feststellte, es ginge nichts anderes, wir müssten bleiben, wo wir sind. So wurden damals, über den Kopf der Hauseigentümer hinweg, die Wohnungen zugewiesen.

Damals war das Tauschen groß. An allen Straßenecken hingen selbstgebastelte Plakate, wer was anzubieten hatte und was gesucht wurde. „Eine Wohnung dort gegen eine Wohnung hier zum Tauschen gesucht" oder „ein Paar Schuhe, Größe 43, gegen funktionierende Nähmaschine". Besonders die Betonwände der Bunker waren übersät mit Zetteln. Eines Tages stand ein großes Schild da: „Fast neue Militärregierung gegen gebrauchten Adolf Hitler zu tauschen gesucht". Ich weiß nicht, ob das noch Unentwegte waren oder vielleicht Humorvolle.

Zwischendurch habe ich auch mal eine Zeit nicht bei meinen Eltern gewohnt. Wir hatten praktisch nur einen großen Raum für uns und unsere Tocher. Es war anfangs keine richtige Ehe. Die Eltern hatten ihr Zimmer, die Küche beherrschte meine Mutter mit Luzia und kochte für uns mit. Jeden Morgen legte mein Vater ein Päckchen Zigaretten für meinen Mann raus. Wenn meinem Vater mitten in der Nacht etwas in den Sinn kam, was er mit meinem Mann

besprechen wollte, dann kam er in unser Schlafzimmer. Wenn ich abgeschlossen hatte, tobte er. Das hat uns nicht gepasst, das wollten wir nicht. Mein Vater war lieb und hat für uns gesorgt, aber er war auch der Herr des Hauses. Mein Mann wollte aber selbst ein Hausherr sein.
Wir sahen uns also nach einer Alternative um, aber Wohnraum war äußerst knapp.

In der alten Wohnung von Professor Schepp auf dem Königshügel konnten wir unterkommen. Dort wurde auch mein Sohn geboren. Es war kein Dach auf dem Haus und das erste Geschoss lag voller Schutt, deswegen wurde es uns zugewiesen. Bei Regen mussten wir mit einem Regenschirm im Bett liegen bis mein Vater das Dach reparieren lassen konnte. Aber wir hatten auf dem Königshügel viel Spaß zusammen.

Der Dachdecker, den mein Vater zur Reparatur des Daches engagierte, hieß Franz Stein. Er saß oben auf dem Dach und sang. Immer wenn er wieder irgendwelche Dachpfannen erwischt hatte, kam er vorbei und legte ein paar weitere drauf. So wurden die Löcher kleiner und kleiner. Ich litt früher furchtbar unter kalten Füßen. Wärmflaschen oder Heizkissen gab es nicht. Ich habe mir einen Ziegelstein geschrubbt und den legte ich mir jeden Tag in den Backofen. Am Abend wickelte ich den Ziegelstein in ein dickes Tuch und legte ihn mir im Bett an die Füße. So hat man das seit Hunderten von Jahren schon gemacht.
Aus den Laboren der Hochschule besorgte mein Mann über den Professor Glemser einige geschwungene Glas-

kolben und Ballons, mit denen er lustig Schnaps brennen konnte. Hafer konnte man als Körner bekommen, die geröstet eine Art Kaffee ergaben, der „Muckefuck" genannt wurde. In der Küche, unter dem Herd, wurde der Hafer gekeimt. Daraus brannte mein Mann dann den Schnaps. Ich weiß bis heute nicht, woher er das konnte. In der Promenadenstraße lebte ein Pole, der uns die Ware abkaufte und auf dem Schwarzmarkt verkaufte. Wir bekamen für den Gegenwert Butter oder etwas Geld. Mein Vater meuterte dagegen, als er es erfuhr. Der Professor Glemser lachte meinen Vater aus. Von irgendetwas musste der Mensch schließlich leben.

Als ich mit meinem zweiten Kind hochschwanger war und meine Eltern besuchte, hatte ich einmal starke Vorwehen, wie ich sie schon von der ersten Geburt meiner Tochter kannte. Der Gynäkologe hatte seine Praxis in der Lothringer Straße und wollte gerne, dass ich bei meinen Eltern in der Luisenstraße bliebe. Das war für ihn näher als der Weg bis auf den Königshügel. Na schön, bleib ich also dort. Abends kam mein Mann und brachte Sachen aus dem Garten mit. Ich weiß nicht mehr, um was es ging, aber mein Mann und mein Vater bekamen Streit. Das wurde mir zuviel und ich schnappte meine Tochter, setzte sie in den Kinderwagen und schob sie in der Nacht noch bis auf den Königshügel. Am nächsten Morgen kam der Arzt im geliehenen Wagen meines Vaters bei uns vorbeigefahren und wollte mich wiederholen. Mein Vater schickte ihn. Er hat mich bekniet wie ein krankes Huhn, ich sollte mit ihm wieder zu meinen Eltern in die Luisenstraße kommen. Dort draußen, der Königshügel lag damals noch am Stadtrand, war es schwer für ihn oder eine Hebamme hinzukommen. Ich war eigensinnig und blieb lieber auf dem Hügel, weil ich einfach das Gerangele der Männer satt hatte.

Der Arzt war noch nicht ganz aus dem Haus, da setzte ich mich auf den Boden und sagte zu meinem Mann: „Sieh mal zu, dass du die Hebamme, Frau Ahn, kriegst, es geht los." Worauf sich mein Mann sofort seinen Hut und Mantel schnappte und loslief. Ich überlegte, was ich für das Kinderkriegen brauchte. Das Dach war mittlerweile fast ganz drauf. Schlafzimmer, Wohnzimmer und Küche waren einigermaßen renoviert. Auf der Terrasse stand ein runder Kanonenofen, den wir uns im Winter ins Wohnzimmer stellen wollten. Ich stand auf und habe mir den Eisenofen langsam bis ins Schlafzimmer gerollt. Bei jeder Wehe machte ich Pause und setzte mich wieder auf den Boden. Wenn die Wehe vorbei war, habe ich mir den Ofen wieder gepackt. Als mein Mann mit der Hebamme am späten Nachmittag kam, stand der Ofen im Schlafzimmer, das Ofenrohr war im Wandanschluss angeschlossen und vergipst. Das Feuer brannte und ein großer Kessel mit heißem Wasser dampfte vor sich hin. Ich weinte, weil es mir fürchterlich weh tat. Die Hebamme schimpfte mit mir: „Kind, wie kannst du sowas machen! Du bist ja total erschöpft." Sie gab mir erstmal eine Spritze und ich schlief ein paar Stunden. Um elf Uhr abends weckte sie mich und sagte: „Jetzt habe ich keine Zeit mehr, sonst bin ich nicht rechtzeitig bei dem nächsten Kind. Jetzt kommt dein Kind gefälligst."
Mein Mann ging raus, er wollte nicht dabei sein. Ich habe

mich ans Schreien begeben, weil es weh tat. Aber gegen das, was ich beim ersten Mal erlebt hatte, war es ein Spiel. Um zwei Uhr nachts war der Junge da. Nachdem er gebadet war und ich ihn im Arm hatte, sagte ich zu meinem Mann: „Jetzt habe ich Hunger." Mein Mann sagte, er hätte es sich schlimmer vorgestellt. Ich dachte bei mir: „Du Idiot, dann kannst du ja das nächste Kind kriegen, wenn du es dir nicht so schlimm vorstellst."

Walter war genau in der Nacht der Sommersonnenwende geboren und konnte sich nicht entschieden, ob er nun ein Zwilling oder ein Krebs wird. Wir wussten auch nie an seinem Verhalten, was er nun eigentlich ist.

Am nächsten Tag saß Franz Stein wieder auf dem Dach, sang sein Lied und zementierte den First fest. Mein Mann rief zu ihm hoch: „Franz, kommen Sie mal runter. Sie können sich Ihren Sohn begucken. Schließlich ist meine Frau immer mit einem ‚Stein' ins Bett gegangen." Mein Mann hatte in jungen Jahren durchaus Humor.

Er war begeistert von unserem Sohn. Nur was ihm nicht gepasst hatte, waren die Augen des Kindes. Es hatte von Anfang an blaue Augen und so kleine baune Flecken darin. Das hatten wir alle nicht. Erst später stellten wir fest, dass eine der Schwestern meines Vaters die gleichen ungewöhnlichen Augen hatte. Kurz nach der Geburt kam mein Professor mich besuchen, bei dem ich zuletzt als Assistentin an der Hochschule gearbeitet hatte, und wollte das Kind sehen. Dann machte er einen Spaß, den mein Mann nicht verstand. Walter schlief und hatte die Äugelchen zu. Unser Gast fragte, was der Junge denn für Augen hätte.

Ich antwortete, keine blauen, keine braunen, er hat blaue mit braunen Flecken, wir wissen gar nicht woher. „Na ja", sagte der Professor, „etwas muss er ja auch von mir haben." Das hat meinem Mann ganz und gar nicht gefallen. Es ist halt ein Unterschied, wer die Späße macht.

Zwei Kinder waren mir in der damaligen Zeit reichlich genug. Um die Kinder zu versorgen, brauchte man Milch und Haferschleim oder Reisschleim. Es gab weder Haferflocken noch Reis, höchstens mal etwas Gerste - als Graupen. Nun war die Menge, die man auf Lebensmittelkarten bekam, viel zu wenig. Zwar gab es auf den Lebensmittelkarten einen Abschnitt „W-Brot", auf dem man auch Nudeln, Kartoffeln oder auch Graupen bekommen konnte. Die Graupen waren in Aachen aber nicht zu kriegen, weil sie zum Schnapsbrennen auf dem Schwarzmarkt verschwanden.

Bei meinen Schwiegereltern in Bergisch Gladbach gab es diese Probleme wundersamerweise nicht. Also sammelte meine Schwiegermutter jede Menge Graupen. Einmal im Monat machte ich mich dann auf den Weg nach Bergisch Gladbach, und das war damals eine Himmelfahrt. Zuerst ging es von Aachen nach Düren mit dem Viehwagen. Von Düren aus fuhren offene Eisenbahnwagen zu einem Kohletagebau. Dort wurden die Wagen mit Kohle beladen, und wir Fahrgäste nahmen obendrauf Platz. So ging es weiter bis Köln. Da die Rheinbrücken zerstört waren, ging es in Booten über den Rhein. Ab Köln-Deutz fuhren dann richtige Personenzüge bis Bergisch Gladbach. Dort kam ich gegen Abend an. Meine Schwiegereltern hatten zwei Man-

sardenzimmer zugewiesen bekommen. Sie hofften, wie so viele, auf eine „Wiedergutmachung", wie es damals hieß. Sie mussten darauf noch bis 1955 warten.

Sie brachten mich über Nacht auf einem alten Sofa unter, und am nächsten Morgen ging die Fahrt dann mit Graupen bepackt zurück. Diese Fahrten habe ich ein paar Jahre lang gemacht. Die Kinder bekamen lange noch täglich ihre Milchflaschen, einfach weil alles andere bis zur Währungsreform sehr schlecht zu bekommen war. Irgendwann waren die Strecke von Aachen nach Köln und die Rheinbrücken wieder repariert, sodass man wieder in richtigen Abteilen saß. Nun wurden die Fahrten einfacher, und ich nahm meine kleine Tochter mit zu Oma und Opa.

Die D-Züge hatte kleine Tische zwischen den Fensterplätzen. Darauf wollte sie unbedingt sitzen. Die anderen Reisenden erlaubten dies meistens. Einmal traf ich eine Bekannte und unterhielt mich angeregt mit ihr. Meine Tochter bekam Leckereien zugesteckt und unterhielt die Reisenden mit kleinen Geschichten aus ihrem Kinderleben. Plötzlich war atemlose Stille. Dann großes Gelächter und die Stimme eines augenscheinlich vor Lachen kaum haltenden Mitfahrers: „Also, Liebchen, sag uns das doch nochmal, das war so schön!"

„Ja", sagte mein Engelchen, „das ist so: Morgens früh, ehe wir aufstehen, sagt mein Papi manchmal zu meiner Mami: 'Ja dann komm mal eben zu mir ins Bett, du Weib!'"

Die Zeit war noch so prüde, dass ich mir unter allgemeinem Gelächter, aber auch Protest, mein „enfant terrible"packte und das Abteil wechselte. Kinder können einen in ihrer Unschuld ganz schön ins Schwitzen bringen.

Wir wohnten auf dem Königshügel, bis mein Vater starb und meine Mutter alleine war. Der Hausbesitzer wollte dann unbedingt, dass sie auszog. Die Stadt sagte jedoch wieder „Nein" dazu. Wir wurden umquartiert und lebten nun mit unseren beiden Kindern als Familie zusammen – mit meiner Mutter. Mein Mann ging nicht sehr gerne aus dem Häuschen weg. Aber wir konnten auch nicht bleiben, denn der Eigentümer war aus Stuttgart zurückgekommen und wollte selbst hinein.

In der Kantstraße konnten wir Jahre später dann eines von den Häusern bekommen, die vor dem Krieg staatlich gefördert waren. Die kosteten damals über 15.000 Mark. Nun kostete damals ein Brötchen 3 Pfennig, also waren 15.000 Mark viel Geld. Allerdings so teuer wie heute war Wohnraum nicht. Wir mußten 1.000 Mark anzahlen, und 100 Mark stotterten wir im Monat ab. Die Miete in der Luisenstraße lag aber schon bei 120 Mark im Monat. Es war damals günstiger, etwas zu kaufen und sich zurecht zu machen. Aber es war auch wagemutiger, denn die Einkommen waren alles andere als sicher.

19. Wiederaufbau

Nach dem Krieg fing ich mit meiner eigenen kleinen Keramikproduktion an. Mein Vater gab mir einen kleinen Kredit, vom Präsidenten der Handwerkskammer, Walter Bachmann, erhielt ich die Genehmigung, und eine Kölner Firma baute mir einen großen Brennofen.

Mein Mann war sehr geschickt im Herstellen der Gipsformen von Vasen, Figuren und Ziertellern. So konnten wir eine kleine Produktion aufbauen, die wir an Viktor Heiliger zum Weiterverkauf lieferten. Manchmal fuhr ich auch mit einem Musterkoffer mit der Straßenbahn über die kleineren Orte und suchte neue Kunden. Besonders die Blumenläden nahmen mir schon mal eine Vase ab.

Irgendwann wollten die Leute mehr Porzellan haben. Man hatte für Luxusdinge wie Vasen weniger übrig und wollte lieber Dinge, die auch im Alltag nützlich waren. Während des Krieges war das anders, da wusste man nichts zu kaufen und kaufte daher, was man bekam.
Als wir das erkannten, machten wir Kaffekannen, Teller, Tassen und Milchkannen für den täglichen Gebrauch. Und Viktor Heiliger nahm uns auch das dankbar ab.
Trotzdem reichte es nicht hinten und nicht vorne. Als mein Mann die Stelle bei der belgischen Besatzung als Übersetzer für technisches Französisch bekam, gaben wir die Keramik auf.

Ich hatte eine Vereinbarung mit einer Verkäuferin in der EHP (spätere Kaufhalle). Wenn sie Glaswaren reinbekamen, gingen die erst einmal nicht in den Verkauf, sondern sie rief mich an. Dann konnte ich mir die Stücke im Lager ansehen und mir die schönsten aussu-

chen, die sich zum Bemalen eigneten. Ein alter Rentner, der Herr Erkens, lieferte für meinen Vater mit seiner Karre Treibriemen an die Metzgereien der Stadt aus. Er wurde von mir beauftragt, die Glasware abzuholen und zu mir zu transportieren. Dann bemalte ich sie am Abend. Wenn das Haus still war und mich niemand störte, konnte ich Hunderte Vasen und Kacheln in einer Nacht bemalen, so schnell ging es mir von der Hand. Besonders oft malte ich das hier in Aachen so beliebte Motiv des „Fischbüddelchen", das noch heute am Fischmarkt steht. Es hat in jedem Arm einen Fisch, der Wasser spuckt. Aber auch Kaffeekannen, Teller und Tassen wurden von mir verziert, meistens mit Blumenmotiven.

Ich gab alles weiter an den Viktor Heiliger. Er war mein Hauptkunde. Schon während des Krieges bemalte ich Kacheln und Blumenvasen, die er mir abkaufte für seinen Laden. Der Viktor guckte überhaupt nicht danach. Ich packte es ihm in große Kisten, ging bei ihm vorbei und sagte ihm, ich würde ihm den Erkens schicken, ich hätte wieder eine Lieferung fertig. Er nahm mir immer alles ohne zu fragen ab.

Aachen profitierte in der Kriegszeit von seinen holländischen und belgischen Nachbarn. Man hatte vorher gemaggelt und auch während des Krieges weitergemaggelt. Es blieb gar nichts anderes übrig. Ich habe eine Bekannte aus Köln, die hierherkam, weil es hier in Grenznähe Kaffee zu kaufen gab. Den verkaufte sie in Köln wieder weiter.

Der Kaffeeschmuggel ist hier in der Gegend immer schon

enorm gewesen. Die Grenze zwischen Belgien und Deutschland lief in Fringshaus mitten durch ein Haus. Ich hatte einen Onkel aus Berlin, der sich das mal zwischen den beiden Kriegen begucken wollte, wie man in Fringshaus schmuggelte. Er ging in den Nebenraum, der belgisch war, und kaufte Kaffee. Mein Vater fiel vor Schreck fast um, als Onkel Herbert mit dem Kaffeepaket auf die deutsche Seite kam. Hier war eine reguläre Wirtschaft, und die Zöllner standen am Tresen und tranken ihr Bier. Mein Vater drängte Onkel Herbert sofort wieder in das Nebenzimmer zurück, bevor sie merkten, was er da unter dem Arm trug. Da musste er dann bleiben, bis die Zöllner abzogen.

Nach dem zweiten Weltkrieg wurde die Grenze etwas verlegt und jetzt ist hier eine Straße, die zwei deutsche Ortschaften miteinander verbindet, aber durch belgisches Gebiet führt. Wir hatten die Engländer und die Belgier als Besatzungsmacht hier. Die Belgier hatten nicht so viel gegen den Schmuggel, weil es Geld in ihr Land brachte. Nur die Engländer machten schon mal Rabatz.
Als es wieder einen deutschen Zoll gab, waren die recht streng. Die junge Bundesrepublik brauchte Steuereinnahmen und sah den Schmuggel nicht so gerne, auch wenn dadurch die Versorgung besser war. Eine Freundin von mir, die Grete, wurde mal mit einem Sack ungeröstetem Kaffee erwischt. Noch bis zum Tag ihres Todes im Jahr 2001, also Jahrzehnte später, hat sie fünf Mark pro Monat an den deutschen Zoll abbezahlen müssen.

Eine Bekannte aus der Rochusstraße schmuggelte mit Begeisterung Zigaretten. Sie hatte im elterlichen Haus eine eigene kleine Wohnung. Darin ließ sie sich eine Hängedecke einbauen und in ihr versteckte sie ihre Schmuggelware. Irgendwann wurde sie von einem Nachbarn angezeigt. Man erzählte sich, dass es damals für jede einzelne Zigarette fünf Mark Strafe gab. Als sie kurz darauf das Haus ihrer Eltern erbte, zog der Staat es ein. Es müssen Unmengen von unverzollten Zigaretten bei ihr gefunden worden sein. Sie hat das elterliche Haus verloren.

Die Strafen waren drakonisch und sollten abschrecken. Trotzdem blühte der Schmuggel, denn was bleib einem anderes übrig? Viele Leute fielen nur auf, weil sie den Mund nicht halten konnten. Oder weil sie den Hals nicht vollkriegen konnten. Ich war immer sehr vorsichtig.

Der Bruder meiner Freundin Grete stellte kleine Kochplatten her, einfache Schamottgestelle, die robust waren. Mit dem geliehenen Auto meines Vaters fuhr ich dort vorbei und lud mir 10 bis 20 Stück ein und brachte sie dem polnischen Händler, der meinem Mann auch den Schnaps abgekauft hatte. So verdienten wir alle irgendwie immer etwas dazu. Es wurde „organisiert", wie es damals hieß. Das ging zum Glück lange gut. So lebten wir uns langsam in die Normalität hinein, bis die DM kam. Bis dahin hantierten wir noch mit Marken und verhökerten alles, was irgendwie etwas einbrachte.

Die Cousine meines Mannes hatte sich mit dem Oberfinanzpräsidenten von Magdeburg über die grüne Grenze in den Westen abgesetzt. Er bekam in Köln eine Stelle als Oberregierungsrat. Als wir mal bei einer Gelegenheit alle zusammensaßen, beklagte ich mich, dass mein Mann bei den Belgiern arbeitete und beruflich nicht voran kam. Er kaute dort nur Bleistifte ab. Dann sagte der Dr. Dörfel, er könnte ihm eine Lehrstelle beim Zoll besorgen, für den gehobenen Dienst. Er war eigentlich nicht mehr in dem Alter, wo der Zoll ihn annahm. So war das eine Chance, die mein Mann ergriff. Er hat auch geglaubt, er wird nicht an der Grenze eingesetzt, sondern in der Verwaltung. So machte er seinen Inspektor beim Zoll und vertraute darauf, dass ihm der Dr. Dörfel bei seiner Laufbahn weiterhelfen würde. Nur starb dieser ein halbes Jahr später an Krebs. Mein Mann durchlief dann den ganz normalen Dienst und konnte sich ohne Protektion hocharbeiten.

Obwohl er es anfangs nie wollte, machten ihm die Streifengänge Spaß. Dann war er in der Natur, und das genoss er. Er wollte nur nie an einer Grenze stehen und irgendwelchen Leuten irgendwelche kleinen Zölle auf die Nase kleben. Das war etwas, was ihm nicht lag, dieses Kleingeistige. Leider hatte er das in einigen kleineren Zollämtern, die er leitete, doch gehabt. Erst bei seiner Versetzung zu einem großen Zollamt beschäftigte er sich mehr mit dem großen Transitverkehr. Damals nahm der Zoll in Horbach noch täglich eine halbe Million Deutsche Mark an Zöllen ein. Das wurde alles an der Grenze abgewickelt. Da waren 80 Zöllner beschäftigt, ausgestattet mit Waffen. Jeden Abend kam der Panzerwagen und holte die Einnahmen ab. Mein Mann kriegte regelmäßig Anfälle, wenn seine Kollegen kleine Fische herauswinkten und ihnen ein paar Pfennige für die Butter abverlangten, die sie aus Holland einschmuggelten. Das stand in keinem Verhältnis zu den wirklichen Einnahmen, die der große Warenverkehr mit sich brachte. Zum Schluss war er Leiter des Zollamtes in Horbach. Als dann das Autobahnzollamt in Vetschau entstand, verlor Horbach an Bedeutung. Mein Mann hätte gerne ein kleines Zollamt wie in Stolberg geleitet. Die betreuten ein paar große Kunden in der Industrie, und haben nichts mit dem Grenzspiel zu tun, das mein Mann nicht mochte.

Als Zollbeamter machte man zu Anfang eine dreijährige Ausbildung in speziellem Steuerrecht. Diese ausgebildeten Leute waren sehr begehrt in der Industrie und wurden manchmal abgeworben. Mein Mann ließ sich aber nicht darauf ein, obwohl es Angebote gab. Es lag ihm nicht. Er vertrat die Ansicht: Der Staat hat mich auf seine Kosten ausgebildet und uns jetzt drei Jahre lang gut ernährt, es wäre eine Unanständigkeit, wenn ich jetzt ginge. Und er fühlte sich auch seinem Mentor Dr. Dörfel gegenüber verpflichtet, auch wenn er kurz nach seiner Ausbildung verstarb. Eigentlich wurde er aber zufrieden mit seinem Leben als Zöllner. Es reichte immer für unser Auskommen, und es fehlte uns an nichts, was wir uns wünschten. Schließlich waren wir bescheiden.

Als mein Mann noch bei den Belgiern arbeite, hatten sie dort eine Sekretärin, die Mara de Jong hieß. Sie veranstalte manchmal gesellige Treffen mit ihren Freundinnen und Arbeitskollegen, und dabei besoffen sie sich fürchterlich.

Ich hatte da im Grunde etwas gegen, weil ich nicht gerne betrunken bin. Mein Mann war dort eingeladen, ich aber ging ins Kino und wir verabredeten, dass ich ihn dort abholte, wenn das Kino zu Ende ist. Ich kam herein und fand die Frau des Hauses ziemlich blau auf dem Sofa. Sie konnte gerade noch so reden, dass ich sie verstand. Meinen Mann fand ich stillvergnügt mit einer Flasche im Arm in einer Ecke. Ich ging in die Küche und machte erst einmal Kaffee für alle. Sie lud mich ein, einen Schluck zu trinken und schenkte mir ein Wasserglas voll mit Weinbrand ein. Ich war durstig und gedankenlos, mein Magen war leer, und so schluckte ich es ziemlich schnell herunter. Die Wirkung merkte ich schon ein paar Minuten später, weil ich nichts gewöhnt war. Ich fand mich dann auf dem Fußboden wieder. Mir war schwindelig.

Mein Mann hatte damals schon das Motorrad. Ein Kollege wollte von ihm nach Hause gefahren werden. Ich bekam von dem nichts mehr mit. Meine nächste Erinnerung setzt ein, als ich im Wohnzimmer bei Mara auf dem Sofa lag. Mein Mann war nicht mehr da und sonst auch keiner. Mara, die sich erholt hatte, stellte eine Waschschüssel und zwei Handtücher neben sich. Mich hatte sie halb ausgezogen. Ich hatte solche fliederfarbenen selbstgestrickten Liebestöter und dicke Strumpfhosen an, damit ich im Winter nicht fror, die lagen jetzt neben mir. Sie wusch meine Beine mit Wasser ab, damit ich wieder zu mir kam, was ihr gelang. Dann schellte es irgendwann, und mein Mann tauchte wieder auf. Sie lehnte sich aus dem Fenster raus, und rief ihm zu, er solle nach Hause fahren und sich ins Bett legen, sie würde mich hierbehalten und gut zudecken.

Ich könnte hier schlafen, und er solle mich morgen früh abholen. Mein Mann wollte aber seine Frau haben und bestand darauf mich abzuholen. Er kam die Treppe rauf, steckte meine nackten Füße ohne Strümpfe in die Schuhe und ging mit mir los. Treppe runter, ich hielt mich an ihm fest, so ging es ganz gut. Dann sind wir die Straße zu Fuß runter und in die nächste Wirtschaft rein, die Nachtbetrieb hatte. Ich weiß beim besten Willen nicht mehr, wo ich da gelandet war. Er bestellte eine Cola für mich. Der Wirt sagte ihm: „Geh du dir deine Cola trinken, wo du dich besoffen hast, sonst kotzt du mir hier die Bude voll!" Wir wurden also rausgeschmissen und zogen weiter. Dann überlegte mein Mann, wo er eine andere Nachtbar finden könnte, statt mit mir nach Hause zu fahren. „So", sagte er dann, „ich weiß, wo wir Cola kriegen." Er lehnte mich gegen die Wand und trat sein Motorrad an. Als er es anbekam und sich zu mir umdrehte, saß ich auf dem Gehsteig und schlief still vor mich hin. Er nahm mich und packte mich auf das Motorrad, löste seinen Gürtel und band mich mit seinem Gürtel an sich fest, damit ich nicht runterfallen konnte, und fuhr los. Aber nicht nach Hause, wie es mein sehnlichster Wunsch gewesen wäre! Er fuhr in die Nachtbar, um eine Cola mit mir zu trinken, das hatte er sich in den Kopf gesetzt. Schließlich war er auch nicht mehr nüchtern.

Durch den Fahrtwind kam ich wieder etwas zu mir. Wir saßen an der Theke und ich bekam meine Cola. Irgendwann sagte ich, ich müsse mal zur Toilette. Er quatschte munter mit anderen Leuten, die er an der Theke getroffen hatte, und achtete nicht auf mich. Dann vergaß er mich auf der Toilette. Ich hatte mich eingeschlossen und bin dort eingeschlafen. Dann machte er mit den anderen Leuten noch einen Zug durch die Gemeinde und ließ sein Motorrad dort vor der Tür stehen. Als er keinen mehr hatte, der mit ihm weitersoff, fiel im ein: Ich hatte doch meine Frau bei mir. Wo könnte die nur sein? Er ist die gesamte Strecke durch alle Wirtschaften, die er noch besucht hatte, rückwärts gegangen und hat nach seiner Frau gesucht. Irgendwann kam er wieder auf dem Graben an und fand sein Motorrad. Jetzt konnte die Frau auch nicht mehr weit sein! Er kam herein und wurde vom Wirt schon erwartet. „Gut, das du endlich kommst! Deine Frau blockiert seit Stunden das Klosett, und wir wollen Schluss machen für heute." Zum Schluss öffneten sie dann mit einem Schraubenzieher das Schloss von außen und mein Mann machte mich energisch wach. Ich freute mich, dass er mich weckte. Ich bin brav mit auf sein Motorrad und hatte mich schon dreiviertel ausgeschlafen. Zuhause wollte ich, dass er mir mein Nachthemd anzieht. Die Kinder wachten davon auf und wunderten sich: Wieso schimpft die Mama, und wieso hat sie kein Nachthemd?

Am nächsten Mittag tauchte Mara de Jong auf und brachte mir meine Strümpfe und meine fliederfarbene Unterhose. Wir tauschten uns aus, jeder erzählte, was er wusste, und so brachten wir die Geschichte zusammen. Denn nüchtern war von uns keiner in dieser Nacht. Dazu tranken wir eine Flasche Rotwein und so ging es weiter. Die nächste Nacht verbrachte Mara bei uns, weil wir nicht wussten, wie wir sie nach Hause kriegen sollten.

Wir hatten Nachholbedarf zu Beginn der Fünfigerjahre. Es gab so langsam wieder was zu kaufen, und wir hatten auch so langsam richtiges Geld in den Fingern. Da wollten viele raus aus den einengenden Zeiten des Krieges und der Zeit danach. Da gab es so einen Hunger nach Leben. Und wir dachten, ihn so zu stillen.

20. Die ersten Ausflüge

Ganz am Anfang, als mein Mann seine neue Stelle hatte, lief er die lange Srecke jeden Tag zu Fuß. Ich musste mit ihm sehr früh aufstehen. Er kam auf die Idee, ein Fahrrad mit Hilfsmotor zu kaufen. Die kosteten damals schon hundertundfünfzig Mark, die wir nicht hatten. Bei der Commerzbank kannte ich die Direktionssekretärin, das Fräulein Latin. Ich sprach sie an, ob wir nicht eine Kredit über die Summe bekommen könnten. Sie guckt nach rechts und guckt nach links. Dann holt sie das Geld hervor und fragt, wie wir es dann zurückzahlen wollen. Ich sage, in drei oder vier Raten. Ich will wissen, was ich denn für Zinsen zahlen muss. „Da reden wir nicht drüber", sagte sie. Mir wurde klar, dass sie uns das Geld aus ihrer eigener Tasche lieh. Sowas gab es damals noch. Sie kannte meinen Vater und hatte auch schon mit mir zusammengearbeitet.
Nachdem mein Mann sich das Mofa geholt hatte, wollte er feiern. „Ja sicher", sag ich, warum auch nicht. „Aber da kann ich doch nicht mit drauf." „Aber sicher", besteht er drauf. Er klemmte ein Kissen unter den Gepäckträger und setzte mich darauf. So fuhren wir zur Pontstraße. Die

war in Aachen schon immer bekannt für ihre vielen Kneipen. Wenn man am Markt anfing und in jeder Kneipe ein kleines Bier trank, war man am Ende der Straße mit Sicherheit stockbesoffen. Das haben wir gemacht. Das Mofa stand draußen, wir an der Theke, ich trank ein „Tülpchen", er trank ein großes Bier. Und wirklich: Als wir oben ankamen, waren wir beide sturzbetrunken. Es machte aber nichts, es war ja nur ein Mofa, damit konnte man immer noch nach Hause fahren. Allerdings war damals auch kaum Verkehr auf den Straßen. Der Fahrtwind half wie gewöhnlich. Mein Mann kam auf die Idee, zum Hangeweiher zu fahren. Wir fuhren dahin und ich fragte ihn: „Was willst du hier?" „Steig ab", sagte er zu mir, „ich will dich nur mal im Grünen küssen." Dann ist er wieder aufgestiegen und mit mir weiter gefahren.

Wir unternahmen selten etwas in der Gruppe und sind mehr unter uns geblieben. Das kam seinem Naturell als Einzelgänger entgegen.

Dann sparte er sich das Geld zusammen, bis es reichte und er sich eine 250 Ardi kaufen konnte. Das war für die damalige Zeit ein ganz schön schweres Motorrad. Zuvor hatte er mal eine DKW gehabt, eine „DeKaWuppdich". Mit ihr stand er oft an der Straße und musste sie reparieren. „Motorrad kommt von montieren", scherzten wir dann. Jetzt musste dieses neue Motorrad auch ausprobiert werden. Wir wollten es einweihen. Eine Freundin von mir machte gerade in Bad Neuenahr eine Kur. Also auf nach Bad Neuenahr! Morgens früh um fünf Uhr schwangen wir uns auf das Motorrad und fuhren los. Als wir ankamen, brachtem wir ihr erstmal die üblichen Blümchen und schwatzten was mit ihr. Dann wollten wir natürlich noch das Städtchen sehen. Wir gingen in die kleinen Gässchen. Es war kurz nach der Weinlese. Im ersten Lokal probierten wir dann mal den Roten. Das heißt, ich trank nur einen Schluck, passte auf, wann er das Glas leer hatte, schob dann mein Glas zu ihm rüber und tauschte die Gläser aus. Wir sahen uns den Betrieb an, und ich merkte, mein Mann wurde lockerer. Als wir aus der nächsten Straußwirtschaft herauskamen, war er schon so heiter, dass er sich mit den anderen verbrüderte. Das betrieben wir so bis nachts gegen elf Uhr, ich immer nur einen Schluck und er den Rest. So kam er auf mindestens zwei Flaschen Rotwein und war doch das Trinken nicht gewöhnt. Er behauptete zwar, mich im Arm zu haben, aber eigentlich stützte ich ihn und brachte ihn schwankend zu unserem Motorrad hin. Wir stehen an dem Motorrad, da packt er mich bei den Schultern, guckt mich von oben bis unten an und sagt: „Mädchen, du gefällst mir. Setz dich mit auf das Motorrad, beim nächsten Kornfeld, da bist du reif." Nun waren wir schon eine Weile verheiratet, aber so hatte ich meinen Mann noch nicht erlebt.

Aus den Augenwinkeln hatte ich den Schutzmann gesehen. Der kam langsam, aber sicher auf uns zu. Ich hatte die Wahl: Entweder eventuell die restliche Nacht in einer Ausnüchterungszelle zu verbringen oder mich meinem besoffenen Goldstück anzuvertrauen. Todesmutig schob ich mich hinter ihn auf den Sozius. Dann fuhren wir in Schlangenlinien los. Der Schutzmann kam jetzt angelaufen, aber er hat uns nicht mehr erwischt. Damals hatte man hinten noch keine Kennzeichen am Motorrad, und so blieb uns ein Protokoll erspart. Wir waren gerade noch weggekommen und kletterten mit der schweren Maschine die kurvenreiche Strecke den Berg hinauf. Der Fahrtwind machte ihn wohl etwas nücherner. Aber wohl nicht nüchtern genug, dass er mich erkannt hätte. Kaum waren wir oben auf dem Berg, und er sah ein Stoppelfeld, legte er sanft das Motorrad in den Graben und schnappte mich beim Wickel. Er zog mich in ein Kornfeld rein, murmelte noch ein bisschen an meinem Ohr, kuschelte sich bei mir an und war eingeschlafen. Ich schlief auch ein Weilchen. Die Nacht war nicht kalt. Plötzlich träumte ich, mir gießt jemand Wasser über den Kopf. Auf einmal wurde ich wach und stellte fest, es regnete. Wir waren schon sowas von nass! Ich kriegte meinen Mann erst gar nicht wach. Es dauerte und er schimpfte, wie er nur dahingekommen wäre. Im Laufe des Fahrens ist er langsam klarer geworden. Wir nahmen die Eifelstraße nach Aachen und kamen gut nach Hause.

Mein Mann konnte sonntags morgens um sechs Uhr die ganze Familie rausschmeissen, schmierte schnell ein paar Butterbrote, und dann ging es los in die Eifel. Den ganzen Tag liefen wir rum. Ich glaube, es gibt kaum einen Spazierweg rings um Gmünd, den wir nicht ausgelatscht haben. Er ist mal mit meinem Sohn alleine vom Aachener Wald über Roetgen bis nach Lammersdorf gelaufen, immer durch den Wald. Er kannte viele Wege und konnte den Hals nicht vollkriegen.

21. Der Rursee

Während wir in Aachen in der Luisenstraße wohnten und die Kinder noch klein waren, entdeckten wir eines Tages, dass der Rursee wunderschön ist und nicht so weit weg. Auf dem Rursee wurden Kähne vermietet und mein Mann beobachtete, wie die Leute das machten. Es ging immer nur einer zum Verleiher an den Bootssteg und mietete einen Kahn. Damit fuhr er um die nächste Ecke und dann füllten sich die Sitzplätze. Damals musste noch pro Person bezahlt werden, und so konnten die Leute Geld sparen. Wir sahen uns das eine Weile an, und mein Mann schlug vor, dass wir uns selber ein Faltboot anschafften. Mir kauften eines auf Abzahlung. Es hatte nur den Haken, dass wir auch einen Unterstellplatz dafür brauchten. Wir konnten es nicht jedesmal auf- und abbauen. Bei einem Bauern haben wir auf einem seiner Heustapel auch einen Platz dafür gefunden. Ab sofort fuhren wir an jedem Wochenende zum Rursee. Ein Boot verpflichtet.

Wir hatten das Motorrad und nahmen immer nur ein Kind mit. Früher gab es weniger Beschränkungen und der Verkehr war nicht so stark wie heute. Man brauchte keinen Helm zu tragen. Es gab keine Vorschriften, wie schnell oder langsam man fahren musste. Die Straßen waren frei. Ich saß hinter meinem Mann und klammerte mich an ihm fest. Eines der Kinder saß mit dem Rücken zum Papa und klammerte sich an mir fest. Das zweite Kind blieb bei der Oma. Als die Älteste fünf Jahre alt war, setzte die Oma sie am Steffensplatz in den Bus nach Rurberg. Wenn sie dort

ankam, ging sie zu Leisters, dem Bäckerladen in Rurberg, und blieb dort, bis wir auch dort ankamen und sie abholten. Als wir einen Beiwagen für das Motorrad bekamen, konnten wir darin auch beide Kinder mitnehmen. Das war zwar verboten, es durfte nur eine Person in dem Beiwagen mitfahren. Die Ältere saß auf dem Sitz und hatte ein dickes Kissen zwischen ihren Beinen auf dem Boden des Beiwagens, auf dem ihr kleines Brüderchen saß. Wenn sie irgendwo irgendwas sah, von dem sie meinte, das könnte Polizei sein, dann drückte sie ihm den Kopf nach unten. Bis wir entdeckten, dass sie das aus Spielerei dauernd machte. Der arme Kerl musste immer da unten verschwinden, wenn es ihr gefiel. Trotzdem verstanden die beiden sich blendend und hatten viel Freude miteinander.

145

Die Bauern vermieteten für 30 Pfennig von Samstag auf Sonntag ihr eigenes Bett. Dann schliefen sie im Heu. Wir haben beschlossen, uns bei einem Bauern einzumieten und konnten so zwei Tage bleiben.

Es war wunderschön, schon frühmorgens hinaus auf den See zu fahren. Die Kinder liefen den ganzen Tag draußen rum. Wenn wir oben an der Kirche in Rurberg vorbeikamen, gingen wir zum Bäcker Leister. Die machten am Sonntag einen herrlichen Streuselkuchen, ein riesiges Viereck. Das wurde als Verpflegung für den ganzen Sonntag gekauft. Eine Dose Corned Beef dazu und ein paar geschmierte Brote, mehr gab es den ganzen Tag lang nicht. Das waren immer sehr schöne Tage.

Irgendwann lernten wir dort eine Bauernfamilie kennen, die wohnten „Auf dem Stein". Sie hatten über ihrer Waschküche einen Heustapel gehabt. Diesen Verschlag hatte sich irgendein junger Mann zu zwei kleinen Zimmern ausgebaut. Gegenüber davon war noch ein Ställchen. Darin gab es Wasser und einen Anschluss für einen Ofen. Das ganze wollte die Familie vermieten und dafür 20 Mark im Monat haben. Wir dachten natürlich, in den Sommermonaten 20 Mark und fanden das angemessen. Hinterher hatten wir furchtbares Theater mit dem Bauern, weil er auch die Wintermonate, in denen wir nicht kommen konnten, bezahlt haben wollte. Das haben wir dann unter uns Frauen geregelt.

In Aachen habe ich die Zeitungen verfolgt. In der Viktoriastraße verstarb eine alte Oma, und der Opa ging in ein Altenheim und verkaufte seine Möbel. Dazu gehörte eine gepolsterte Eckbank, richtig schön mit Federkern, ein großer Tisch mit zwei Stühlen, ein dunkler Küchenherd, zwei Ehebetten und ein Spind. Alles zusammen kostete 13 Mark. Dann stellte sich die Frage, wie wir das alles nach Rurberg kriegen? Wir konnten das unmöglich auf dem Motorrad transportieren. Ein Bekannter hatte sich ein gebrauchtes Auto gekauft und half uns aus. Der Wagen hatte ein abnehmbares Verdeck, und wir fuhren das ganze Mobiliar Stück für Stück nach Rurberg.

Während der Ferien verbrachte ich die ganze Zeit mit den Kindern dort. Mein Mann musste arbeiten und kam an den Wochenenden zu uns. Abends kamen die Kinder mehr als einmal mit Gummistiefeln nach Hause, die waren bis zur Hälfte voll mit Wasser. Da waren sie wieder im Eiserbach gewesen, fingen Frösche und spielten. Sie fanden es herrlich. Manchmal stieg ich mit den Kindern auf den benachbarten Berg, den Kermeter. Wenn die Himbeeren oder Blaubeeren reif waren, sammelten wir sie und verarbeiteten sie zu Marmelade.

22. Bis zur Mosel und zum Bodensee

In einem Jahr im Herbst konnte sich mein Mann einmal eine Woche Urlaub nehmen. Wir sind ohne Kinder mit dem Motorrad die Mosel entlang gefahren. Als wir hier in Aachen abfuhren, goss es wie aus Kübeln auf uns herunter. Wir fuhren über die Eifel ins Moseltal. Zwischendurch machten wir einmal Pause und wrangen unsere Handschuhe aus. Die Stiefel und alle unsere Klamotten am Leib waren vollständig durchnässt. Es hatte keinen Sinn sie zu wechseln, also fuhren wir weiter. Als wir in Ruwer abends ankamen, stiegen wir in einem kleinen Hotel ab. Die Besitzer waren voller Entsetzen, als sie uns so mitgenommen ankommen sahen. Auf dem Gepäckständer des Motorrades hatten wir einen Rucksack mit frischer Kleidung gepackt. Das war alles vollständig durchnässt, dass wir nichts Trockenes mehr für uns finden konnten. Von der Wirtin bekamen wir dann handgestrickte Wollsocken, die meinem Mann passten, während ich auf riesigen Pantoffeln rumrutschte. Sie liehen mir eine alte Bäckershose, in der ersoff ich, und ein paar alten Stallsachen für meinen Mann, darin konnte er Frösche fangen. Trotzdem waren wir froh, etwas Trockenes am Leib zu haben.

In unserem Zimmer wurde schnell im Kanonenofen ein Feuer gemacht. Aus dem Garten trugen sie die Gartenstühle aus Drahtgeflecht nach oben und stellten sie um den Ofen herum auf. Da konnten wir unsere Sachen drauflegen und trocknen. Wir blieben erst mal im Zimmer und trockneten uns und die Klamotten. Wir sahen auch nicht gerade ausgehfertig aus.

Die Wirtsleute waren richtig nett und lieb zu jedem Gast. Man merkte, sie waren froh, das überhaupt jemand kam. Wir zogen anderntags bei herrlichstem Sonnenschein in unseren inzwischen getrockneten Sachen los. Bis auf die

Schuhe, die brauchten ein paar Tage länger, bis sie trocken wurden. Wir fuhren die Moselwindungen entlang und entdeckten verschiedene Straußwirtschaften. Wir blieben acht Tage und fanden manchen leckeren Wein. Als wir wieder in Aachen waren und uns hier auch mit Wein von der Mosel eindeckten, stellten wir fest, dass er hier anders schmeckte als direkt beim Winzer vor Ort.

In einem anderen Jahr machten wir in Manderscheid und Umgebung Urlaub und klapperten die ganzen Maare in der Eifel ab. Die Eifelmaare fand ich wunderschön. Bei unserem Besuch am Meerfeldermaar trug ich Schuhe mit glatten Ledersohlen, die sich in den Hügeln als sehr untauglich erwiesen. Ich machte einen Schritt vor und rutschte einen halben zurück. Ich fand keinen Halt und zog mich am Wacholder hoch. Mein Mann sah mich krabbeln und lachte herzhaft über meine Anstrengungen.

Das Totenmaar empfand ich landschaftlich gesehen als das Schönste. Ich kenne es allerdings nur mit Wolken bedeckt rundherum, und es erschien mir immer etwas traurig dort. In dem Maar bei Daun schwammen wir und kamen an Stellen, die sprudelten von unten. Bei den Maaren siedelten damals selten Menschen. Ich weiß nicht, aus welchen Gründen, aber es fiel mir auf.

Um die Zeit, als es finanziell immer besser ging, nahmen wir das Faltboot auseinander, verstauten es im Beiwagen, und machten einen Urlaub am Bodensee. Wir hatten ein Zelt dabei und fuhren rund um den Bodensee. Wir sahen

uns einfach alles an, Lindau, Friedrichshafen und Konstanz. Eines Morgens wollten wir nach Mainau rüberpaddeln. Wir wunderten uns, dass wir ganz alleine unterwegs waren und es gar keinen anderen Bootsverkehr gab. Als wir auf Mainau ankamen, sagte man uns, wir wären nicht ganz bei Trost. Der Fesselballon, der da hing, bedeutete, dass ein Gewitter käme und der See unruhig werden würde. Daher sollten die Boote nicht fahren. Nun waren wir aber auf Mainau und nach Hause mussten wir auch. Den ganzen Tag trieben wir uns auf der Insel rum und warteten auf klareres Wetter. Erst recht spät sagte man uns, die Gefahr wäre vorbei, wir könnten zurückpaddeln.

Mainau war damals noch kein Touristenzentrum. Dort wuchsen Blumen, die sah ich Jahre später erst auf Teneriffa wieder. Da wuchsen auch Palmen, die von diesem einzigartigen Klima begünstigt sind. Ich könnte nicht behaupten, dass der Bodensee selbst warm und freundlich war. Morgens war er immer voll Nebel, abends verhängte er sich erneut mit Nebel. Ich weiß nicht, wieso es auf der Insel Mainau ein soviel besseres Klima gibt. Die Insel Reichenau empfand ich eher als eine ganz normale Insel in einem normalen See.

Ich konnte mir nicht vorstellen, dass man so schnell einen Sonnenbrand bekommen kann. In dem Urlaub hatte ich einen, da wir viel mit dem Motorrad unterwegs waren und ich im Sommerkleidchen durch den Fahrtwind die Kraft der Sonne unterschätzte. Nach ein paar Tagen zog ich mir die Haut in Fetzen vom Leib. Sonnencreme kannten wir noch nicht. Da nahm man Nivea. Ich bin ein ganz großer Anhänger von Nivea. Diese Creme hat genügend Feuchtigkeit und sauberes Fett. Bei diesem Sonnenbrand half sie aber kaum.

Ich war fast froh, als es mal zwei Tage regnete. Wir hatten nur ein kleines Zelt ohne Überzelt. Die Inhaberin des Zeltplatzes kam morgens vorbei und brachte uns mit dem Regenschirm frische Brötchen, so mussten wir unseren trockenen Platz gar nicht verlassen. Wir lagen tagsüber auf dem Bauch und steckten höchstens mal den Kopf raus. Mehr streckten wir nicht raus, sonst wären wir patschnass geworden.

23. Italien

Dann kam der Tag, an dem meinem Mann das Fahren nach Rurberg auch nicht mehr genügte. Wir fuhren zum Gardasee nach Italien. Unser Geld reichte für ein neues Zelt, aber nicht für ein Überzelt. Ich nähte aus Betttüchern ein Überzelt. Inzwischen hatten wir für unser Faltboot sogar eine Besegelung erstanden. Einen VW Käfer hatten wir auch, und so fuhren wir los.

Wir fuhren in Aachen nachts um drei Uhr los und waren am späten Nachmittag dort. Als ich zum ersten Mal von Riva aus am Gardasee entlangfuhr, stockte mir der Atem. Es schien mir, als sei dies das Schönste, was es gibt. Die Straße ist in den Berg gesprengt und führt in Windungen am See entlang. Immer, wenn wir einen der kurzen Tunnel durchfahren hatten, tauchte glitzernd und betörend das Wasser auf. Die Sonne zauberte tausend Diamanten auf dunkelblauen Samt, und von der anderen Seite warfen die Berge bizarre Schatten auf den See. Es war atemberaubend.

Bei einem kleinen Ort neben Limone, in Gargnano, fanden wir einen kleinen Zeltplatz mit einem kleinen Sandstrand, was auf dieser Seite des Sees eher selten ist. Mein Mann suchte mit Absicht die Nordseite des Sees aus, weil wir dort die meiste Sonne genießen konnten.
Jeden Morgen kam eine alte Italienerin mit einem Karren und verkaufte Brot, Obst und Gemüse. Wenn sie oben am Eingang hereinkam, schrie sie schon schrill: „Kartoffen!

Kartoffen!", damit auch jeder wusste, jetzt kann man bei ihr kaufen. Auf dem Zeltplatz hieß sie allgemein „Madame Kartoffen". Mein Mann machte sich einen Spaß daraus, mit ihr zu feilschen. Wenn sie einen Preis nannte, wehrte er mit beiden Händen ab und ging davon. Sie lief hinter ihm her und behauptete, wenn sie ihm seinen Preis zugestände, würden ihre Kinder verhungern und sie müsse im Stroh schlafen. Aber weil er so schön ihre Sprache könnte, gäbe sie ein wenig nach. Das machten die beiden eine Weile so und hatten ihren Spaß daran.

Eines Morgens brauchten wir wirklich nur eine Zitrone. Mein Mann bezahlte wortlos ihren verlangten Preis. „Oh, mamma mia!", schrie sie, „er ist krank, er will nicht mit mir reden!"

Mein Mann interessierte sich für einen kleinen Ort auf der anderen Seite des Gardasees, den wollte er gerne mal sehen. Er löcherte mich damit, wann wir endlich mit unserem Faltboot rüberfahren würden. Eines Tages gab er unserer Tochter etwas Geld und wies sie an, sich mittags bei „Madame Kartoffen" etwas zu essen zu kaufen. Die verkaufte so allerlei auf ihrem Rundgang auf dem Campingplatz. „Das Wetter ist so schön, nimm bloß nichts mit", sagte mein Mann noch zu mir. Wir also rein ins Boot. Er hatte eine Badehose an und darüber Shorts. Für den Fall, dass die Sonne zu bösartig werden würde, legte er sich noch ein leichtes Hemd ins Boot. Ich trug einen Badeanzug und dazu eine lange Badejacke. Wir segelten gegen den Wind und er kreuzte über den See. Wir hatten nur die Fock aufgezogen und ich hatte mir die Leine um den kleinen Zeh gewickelt, damit ich nicht viel tun musste. Er sagte zu mir: „Lass mal gefälligst die Fock los." Also machte ich die Fock los. Ohne Gewitter, ohne eine Wolke und ohne Regen kamen die Wellen dann von Sirmione aus angerollt wie eine schwarze Wand. Wir waren mitten auf dem See. Mein Mann schrie: „Das Segel runter!" Er packte sich das Segel und zog es ins Boot. Dann teilte er das einzige Paddel an Bord in der Mitte und gab mir eine Hälfte. Wir sind um unser Leben gepaddelt. Um uns herum tobten haushohe Wellen. In Pai standen die Italiener und freuten sich. Wir saßen mit den Hintern voll im Wasser. Zeit zum Ausschöpfen hatten wir nicht, wir mussten ja paddeln. Das Schwert unter dem Rumpf hatte mein Mann rausgezogen, um nicht auf Felsen aufzuschlagen, das Ruder ließ sich kaum bewegen. Als wir endlich an Land kamen, zerrten wir noch schnell das Boot an Land und schmissen uns erst mal vor Erschöpfung der Länge nach hin.

Die Italiener kamen natürlich an und begafften uns. Mein Mann sprach ausgezeichnet italienisch und fragte sie, warum sie uns nicht geholfen hätten. Da erklärten sie ihm, dass bei dem Wetter kein Italiener auf den See hinausfahren würde. Es gäbe nur hin und wieder so verrückte Deutsche wie wir, die würden nicht auf die Hinweisflaggen achten, die überall aufgezogen wurden.
Mein Mann schlug vor, das Boot bei einem Gartenrestaurant zu lassen und mit der nächsten Fähre zurückzufahren. Es gab aber keine Fähre. Die fährt vielleicht am nächsten Tag wieder. Bei solchen Fallwinden, die den See aufpeitschen, fahren einfach keine Boote, außer unserem.

Zum Glück schien hier die Sonne. Wir waren durchgefroren, denn der See war kalt. Wir haben uns erst mal ein paar Büsche gesucht, hinter denen wir die nassen Klamotten ausziehen und trocknen konnten. Heute zieht sich ja alles aus, aber damals hatte man mehr Hemmungen. Als wir uns trocken bekommen hatten und unser Boot im Garten eines Restaurants verstaut war, haben wir erst mal den kleinen Ort besichtigt. Gegen Abend sagte mein Mann, er wüsste nicht, was er jetzt machen soll. In seinem Hütchen hatte er hinter einem kleinen Reißverschluss einen Notgroschen, hundert Lire. Die waren für den Fall, dass man mal unterwegs etwas zu trinken kaufen wollte. Das war alles, was wir mithatten. Geld für ein Taxi rund um den See hatten wir einfach nicht. Was sollten wir tun? Außerdem hatten wir beide inzwischen einen mordsmäßigen Hunger. Das letzte zwischen unseren Zähnen war das Frühstück gewesen.

Wir setzten uns in eine Gaststätte und bestellten eine Cola, die wir uns teilten. Mein Mann kam mit dem Wirt ins Gespräch und erklärte ihm unsere Lage. Während die beiden noch plauderten, trat ein Herr dazu, der mit seiner Frau und seinem kleinen Sohn an einem anderen Tisch saß. Der Herr sprach meinen Mann an: „Sie sprechen ja wunderbar italienisch. Ich versuche schon seit einer Stunde, diesem Wirt hier klarzumachen, dass ich mit meiner Familie hier im Ort den Urlaub verbringen möchte. Aber er begreift mich nicht. Ich kriege aus dem Mann nicht raus, wo es hier irgendwo ein Zimmer zu mieten gibt." Mein Mann übersetzte das und erfuhr, dass sei gar kein Problem, der Wirt selber vermietete Zimmer im Hause. Der Herr sprach einen so drastischen bayrischen Akzent, dass der Wirt ihn beim besten Willen nicht verstanden hatte, obwohl er sonst ganz gut die deutsche Sprache verstand. Ihm wurde das Zimmer gezeigt, und er fand es hervorragend. Daraufhin lud er uns ein, eine Flasche Wein mit ihm zu trinken. Mein Mann dankte und erzählte, was uns passiert war. Wie wir jetzt hier gestrandet sind und unser letztes Geld für eine Cola ausgegeben haben. Das empfand der Herr als gar kein Problem. Er hatte einen großen Mercedes, leider nur keinen Dachgepäckträger darauf. Aber ansonsten könnte er uns um den See herumfahren. Das waren sechzig Kilometer. Wir wurden von ihm zu unserem Campingplatz zurückkutschiert, holten unseren Wagen und fuhren zurück, um unser Boot zu holen. Nachts um halb drei war unsere kleine Exkursion dann beendet.

Wenn wir so unsere Touren machten und unsere Tochter nicht mit wollte, bekam sie etwas Geld und holte sich mittags bei Madame Kartoffen etwas zu essen. An diesem Tag hatte sie sich aber von dem Geld eine große Tüte Kirschen geholt und weil sie Durst hatte, auch viel getrunken. Entsprechend war ihr Bauchweh. So vergaßen wir alle drei diesen Tag nicht mehr.

Später dann hatten wir in Manerba am Gardasee ein richtiges Boot liegen, ein Masters. Dies konnte man auseinandernehmen wie ein Faltboot, es hatte auch so eine ähnliche Haut darüber. Es war nur größer und bot ausreichend Platz für sechs Personen. Ein starker Motor trieb es an. Für die damalige Zeit war es ein schmuckes Ding. So eine Seefahrt wie damals sollte uns damit nie wieder passieren.

Im selben Urlaub sind wir ins Val Vestino gefahren. Auch an einem drückend schwülen Tag, an dem wir uns in den Bergen etwas Abkühlung versprochen hatten. Wir fuhren los.

Das Val Vestino liegt genau über dem Bunker von Mussolini, den dieser sich am Gardasee in den Berg hinein bauen ließ. Die Landschaft ist großartig und freundlich. Trotz der hohen Berge rechts und links ist es sehr sonnig, denn die Berge steigen sanft an. Wir fuhren eine Schotterstraße entlang, hielten an und machten Fotos. Dann entdeckte mein Mann einen kleinen Eselsweg, den wollte er auch noch befahren, er ging noch weiter den Berg hinauf, jetzt aber steiler. Wehe, uns wäre ein Fahrzeug entgegengekommen! Auf einmal standen wir in einer Ansammlung von fünf Häusern und einer kleinen Kapelle. Uns umringten eine ganze Anzahl Menschen, die uns neugierig begafften. Da war wohl seit zwanzig Jahren kein Fremder mehr vorbeigekommen. Und ein Fahrzeug wie unseren alten VW hatten sie noch nie gesehen. Wir wurden ausgesprochen freundlich bewirtet mit Ziegenkäse und Brot. Da nur mein Mann italienisch sprach, redeten sie auf ihn ein und löcherten ihn mit ihren Fragen. Er wollte am liebsten weg, das passte ihm gar nicht. Dann kam das Problem, in der Enge zwischen den Häusern den Wagen zu wenden. Aber es ist uns gelungen. Was mein Mann sich auch ausdachte, ich machte es meistens mit Begeisterung mit. Es war nie langweilig, es war immer ein Abenteuer.

Im Laufe der Jahre war unser „Vermögen" auf einen Opel Escort, ein größeres Boot mit 20 PS und, nicht zu vergessen, ein drittes Kind, ein süßes kleines Mädchen, angewachsen. Außerdem, weil wir es leid waren, ein Zelt immer auf- und abzubauen, einen Wohnwagen.

Bei unserer ersten Fahrt mit dem neuen Hänger kommt an der Autobahnabfahrt in Italien plötzlich ein riesiger Lastwagen zu nahe an uns heran, als er uns überholte, und stößt unseren Wohnwagen leicht an. Mein Mann hatte noch keine Routine im Fahren mit einem Gespann und wusste nicht, wie er unser Gefährt wieder unter Kontrolle bringen sollte. Der Anhänger schaukelte sich immer stärker auf und zog uns von einer Autobahnseite auf die andere. Die Strecke ging dazu noch bergab, und wir kamen einfach nicht zum Stehen. Da riss sich der Wohnwagen hinter uns los, überschlug sich mehrfach und bleib auf der Gegenfahrbahn liegen. Nun muss man nicht denken, da wäre die Polizei gekommen. Der Lastwagen hatte das gar nicht gemerkt und ist einfach durchgefahren. Aber die Italiener um uns herum hielten alle an. Sofort waren sie hilfsbereit bei uns und zerrten uns erstmal aus dem Wagen, um zu sehen, ob wir verletzt waren. Mir zitterten die Hände. Alle waren sehr liebenswürdig und plapperten durcheinander. Dann stellten sie alle zusammen den Wohnwagen wieder auf die Räder, hoben ihn zu uns rüber auf diese Seite der Fahrbahn und hängten ihn wieder hinten an. Der Wagen war fahrbereit, nur hinten war eine Ecke ab. Dann setzten wir zittrig unsere Fahrt fort und kamen noch gut an. Das war der einzige Unfall, den mein Mann jemals hatte.

Meine Tochter hat seitdem eine Scheu vor jedem Mann, der

Haare auf der Brust hat. Denn da war einer dabei, der kam unmittelbar nach dem Unfall angerannt und rettete sie aus dem Wagen, mit offenem Hemd bis zu seinem Nabel und alles voll schwarzer Wolle, darin ein goldenes Kreuz und alles voller Männerschweiß. Das war einfach zu viel.

24. Die Kinder

Als unsere Große 17 war, dachten wir, wir müssten sie langsam mal rundreichen. Sie war ein furchtbar eigenes Mädchen. In keinster Weise an einem Jüngling interessiert, machte sie es den Burschen schwer. Sie sagte einmal: „Weisst du, Papa, der war ja uralt." „Wie alt war der denn?", wollte mein Mann wissen. „Ja, 25, mindestens." Wir hatten uns einmal mit Kollegen am Karnevalssonntag verabredet und sind zum Neulinzenshäuschen. Mein Mann ging schon um 18.00 Uhr hin und hielt Plätze frei. Unsere Tochter nahm er mit, weil er nicht alleine gehen wollte; ich kam später nach, mir war es noch zu früh zum Feiern. Als die beiden dort ankamen, waren schon einige Tische besetzt, meist nur mit ein paar Leuten, die aber alles frei hielten für ihre Bekannten. Mein Mann fragte an mehreren Tischen, bekam aber nur abschlägige Antworten. An einem Tisch saßen nur zwei junge Burschen und mein Mann schob unsere Tochter vor. Sie sollte fragen gehen, ob noch Plätze frei wären. Sie steltzte dorthin, obwohl sie nicht wollte, aber wenn Papa was sagte, musste man es ja tun. Sie fragte also und mein heutiger Schwiegersohn antwortete mit Begeisterung: „Ja, hier ist noch

frei!" Darauf stubste ihn sein Begleiter an: „Du Idiot, die hat doch 'nen
Macker bei sich!"
Aber es klappte, und wir hatten die
Plätze. Es ergab sich so, dass unsere Tochter mit diesem einen jun-
gen Mann den ganzen Abend tanzte.
Als wir gehen wollten, meinte mein
Mann zu mir: „Hör mal, wollen wir
den jungen Mann nicht noch mit in
die Stadt nehmen? Er hat sich den
ganzen Abend so nett um sie bemüht. Du weißt doch, wie
eigen sie manchmal sein kann." „Warum nicht?", antwortete ich. Mein Mann fragte ihn dann: „Kann ich Sie irgendwo
hinbringen, wir fahren nach Forst." Worauf er sagte: „Dan-
ke schön, ich habe einen eigenen Wagen." Er hatte gerade
sein Abitur gemacht und von seinem Vater eine Caravelle
geschenkt bekommen. Wir staunten nicht schlecht.
Unsere Tochter erzählte uns später, wie er sich ihr zum
Schluß der Veranstaltung vorstellte. Er sagte: „Gestatten Sie,
mein Name ist Sorgenfrey." Dies hielt sie für einen Karne-
valsscherz. Er hieß wirklich so, sie aber glaubte, er wollte
sie veräppeln. Als er sie fragte, wie sie heiße, antwortete
sie: „Ich heiße Gisela, nur Gisala!"
Dann fuhren wir nach Hause und er auch. Am Rosen-
montag hatte unsere Tochter einen dicken Hals. Sie hatte sich wohl verkühlt. Wir wollten den Karnevalszug an-
gucken, und mein Mann entschied, sie sollte zu Hause im
Bett bleiben und sich auskurieren. Wir gingen also ohne
sie in die Stadt. Es lag Schnee und war bitterkalt. Wir be-

guckten uns den Zug, hatten unseren Jungen mit, verloren ihn aber im Trubel. Als wir nach Hause kamen, fanden wir auf der Treppe ein weinendes Etwas. Unsere Tochter schluchzte: „Ich war doch im Nachthemd und konnte die Tür nicht aufmachen!" Mühsam bekamen wir heraus, was passiert war: Anscheinend hatte sich der junge Bursche vom gestrigen Abend seine Caravelle genommen und ist Forst abgefahren. Er sprach die Kinder auf der Straße an, ob sie wüssten, wo hier eine Gisela wohnt, die einen Bruder hat und deren Vater Zollbeamter ist. Bis er uns gefunden hatte. Er schellte dann, aber sie sah ihn von ihrem Fensterchen aus unten stehen und wagte nicht aufzumachen. Man darf doch niemanden reinlassen! Aber andererseits wollte sie auch nicht von dem Fenster weg, weil sie bang war, er könnte dann wieder fahren. Nachdem ihm niemand aufmachte, schrieb er ihr eine Nachricht auf einen Zettel: „Ich erwarte dich heute Abend im selben Lokal zur selben Zeit", und steckte ihn in den Briefkasten.

Unsere Tochter weinte und weinte: „Ich habe es doch im Hals, was soll jetzt machen? Ich möchte ihn doch so gerne wiedersehen!" Worauf mein Mann sagte: „Da müssen wir uns opfern, da fahren wir hin und sagen ihm Bescheid." Wir fuhren also am Abend dorthin. Danach sind wir allerdings in dem Lokal fürchterlich unter die Räder gekommen. Wir kamen nach Hause und waren beide nicht mehr Herr dessen, was man tun sollte, in unserem Alter. Wir dachten außerdem, ich sei schon in den Wechseljahren. Sechs Wochen später wussten wir dann, was von den Wechseljahren zu halten war. So kamen wir noch zu einem kleinen Nachzüglerkind, der Sabine.

Herrn Sorgenfrey gaben wir einen Tipp. Wir sagten ihm, wo Gisela angestellt war und wann sie Feierabend hatte. Unserer Tochter empfahlen wir zu warten. Sie musste gucken, ob er kommt, oder ob er nicht kommt. Als sie ihn vorne stehen sah, hat sie einen Schreck bekommen, und ist hinten rausgelaufen. Sie lief vor ihrer eigenen Courage weg. Er hatte dies aber gemerkt und kam zu uns nach Hause und sagte einfach, er hätte sie nicht angetroffen. Er wartete, bis sie kam, und wir kamen mit ihm ins Gespräch. Er machte gerade seine praktische Zeit und wollte später Elektrotechnik studieren. Als er dann regelmäßiger unsere Tochter am Samstag abholte und ausführte, erzählte unsere Tochter immer zu Hause, was sie alles gegessen und getrunken hatte. Mein Mann meinte zu mir: „Das ist ein Student. Dem müssen wir was mitgeben." Ab da bekam er immer fünf Mark von meinem Mann, die er auch treu und brav einsteckte. Dass sein Vater einen großen Betrieb hatte und er unsere fünf Mark vermutlich gar nicht nötig hatte, sagte er uns nicht. Ich denke, er wollte um seiner Selbst willen geliebt werden. Die beiden sind sechs Jahre miteinander durch die Gegend gezogen.
Leider hatte er den Hang zur Unpünktlichkeit. Wenn er sich mit Gisela „um drei" verabredete, konnte es auch schon mal fünf Uhr werden. Nur Gisela lief dann wie ein Tiger durch die Wohnung und machte alle wahnsinnig. Er sagte immer: „So um drei herum", und konnte später dann sagen: „Na ja, so drum herum."

Zur Hochzeit konnten sich die beiden eine kleine Wohnung einrichten. Er war noch nicht ganz mit seinem Studium fertig. Er half seinem Vater immer wieder im Betrieb aus und verlängerte sein Studium dadurch um einige Semester. Erst mit der Heirat kam etwas mehr Schwung in sein Studium und er machte seinen Abschluss. Danach stieg er ganz in den väterlichen Betrieb ein. Für Gisela hatte ich in einem Plastiksparschwein über die Jahre rote Pfennige gesammelt. Das reichte für den Stoff des Brautkleides, die Unterwäsche, Strümpfe und Schuhe. Ich nähte ihr ein schönes Hochzeitskleid. Mit Perlen und Pailletten stickte ich wochenlang Blumen darauf. Als mein Mann nach einiger Zeit sagte, er könne dies Ding hier nicht mehr sehen, bin ich nachts aufgestanden und habe dann daran weitergearbeitet. Zum Kleid habe ich ihr noch ein Jäckchen gemacht, damit sie in der Kirche nicht so fror. Meine Mutter hatte für sie eine Myrte gezüchtet. Am Hochzeitsmorgen stand sie in voller Blüte. Aus Silberdraht baute ich eine Art Krönchen. Den Schleier umhäckelte meine Mutter mit einer breiten Spitze. Dies alles auf ihrem Kopf drapiert sah herrlich aus.

Die kleine Sabine bekam aus den Stoffresten ein langes Kleidchen, aus rosa Seide ein Kränzchen, und sie trug ein Körbchen mit Rosenköpfen. Als das Brautpaar aus der Kirche kam, streute Sabine nicht. Es war ihr irgendwie zuwider, die armen Blümchen auf den Boden zu werfen, und alle würden darüber trampeln. Der Bräutigam raunt ihr aus dem Mundwinkel zu: „Du sollst doch streuen!" Doch Sabine blieb bei ihrer Haltung.

Der Walter sagte immer: „Mutter, ich bin was schüchtern." Er schleppte schon mal Mädchen mit an, die mir nicht so gut gefielen. Aber das ist vielleicht Schwiegermütterart. Er hatte nicht viele Freundinnen, aber wenn, dann hatte er eine Vorliebe für Winzlinge. Er selber war eher ein langes Elend, und ich fand, das sah in der Mischung nicht so gut aus.

Er war sehr beschäftigt mit dem Studium. Während der Semesterferien fuhr er mit einem Freund im VW-Käfer bis in die Türkei. Dort kauften sie sich zwei Kamele und ritten darauf quer durch Anatolien. Solche Sachen machte er gerne. Als er Elli kennen lernte, war sie noch sehr jung. Aber die war es, von Anfang an. Kurz nachdem er mit dem Studium fertig war, haben sie dann geheiratet. Auf der Hochzeitsreise ist er mit ihr wieder in die Türkei gefahren.

Die kleine Sabine haben wir viel mitgenommen. Die anderen beiden konnten wir, als sie noch kleiner waren, gerne zu meiner Mutter geben, wenn wir mal weg wollten oder in Urlaub fuhren. Mit Sabine war es dann anders, weil meine Mutter schon zu alt war, um ihr noch ein kleines Kind zuzumuten.

25. Die Reise in die Türkei, 1960

Dies sollte eine längere Reise werden. Wir träumten schon seit langem davon, einmal für längere Zeit wegzufahren. Wir hatten den Krieg überlebt und uns ein bescheidenes Leben aufgebaut. Wir hatten schon zwei Kinder großgezogen. Nun wollten wir einmal etwas mehr von der Welt sehen.

Wir bereiteten uns monatelang vor. Eine Reise in die Türkei war ein Abenteuer. Damals gab es noch keine Autobahn bis nach Istanbul, und wir nahmen uns drei Monate Zeit für diese Reise.

Es begann mit einem kräftigen Durchfall. Vermutlich hatte ich „Schiss" vor der Reise.

Zwei Tage vorher war eine Freundin von mir, die Gisela Schlüter, mit ihrem türkischen Freund bei uns zu Besuch. Er stammte aus einer alten türkischen Familie und studierte hier. Er warnte uns eindringlich vor der Strecke über Jugoslawien, auf der er sich schon mal seinen Porsche zu Schrott gefahren hatte. Mein Mann meinte nur, er würde die Strecke schön langsam fahren, dann würde es schon gehen. Das half mir und meinem Darm keineswegs sich zu beruhigen.

Als es losging, regnete es in Strömen. Mein Mann musste immer wieder auf der Autobahn anhalten, was man damals noch konnte, und ich raste mit einem Schirm ins Gebüsch. Er rauchte eine Zigarette und schimpfte, ich würde ihn zum Kettenraucher machen, nur wegen meiner Lauferei. Ich sollte endlich Mut kriegen. Ich hatte nichts gegen Mut. Ich war froh, wenn ich wieder im warmen Auto saß.

Es regnete unaufhörlich. Er fuhr so weit er konnte, bis wir die erste Nacht in einem Hotel in Süddeutschland landeten. Die Leute vom Hotel schwörten mir, ihr altes Hausmittel würde mich wieder auf die Beine bringen. Ich musste einen Enzian trinken und bekam ein Stück Knoblauch kleingehackt zum Einnehmen. Es blieb nicht lange drin, mein Magen wehrte sich gegen diese Art von Medizin. Sie mag zwar bei diesen lieben Wirtsleuten anschlagen, bei mir aber drehte sie nur noch mehr an den Eingeweiden.

Am zweiten Abend kamen wir dann bis Kärnten an den Ossiacher See und fanden in Bodensdorf das Hotel Piccolo. Eigentlich wollten wir zelten, aber sie hatten den Zeltplatz noch nicht geöffnet, weil keine Saison war. Es war der 30. April und mein Mann wollte hier zwei Tage bleiben, um nicht in einem sozialistischen Staat den 1. Mai zu erleben. Aber auch hier wurde kräftig gefeiert.
Wir bekamen im Piccolo ein Zimmer. Vom Flur gingen drei Zimmer ab. Unsere Tür lag in einer versteckten Nische. Diese Nische wurde von verschiedenen Paaren, die unten in den Mai hineintanzten, als Rückzugsmöglichkeit für ihre Liebesbezeugungen genutzt. Was besonders peinlich war, weil ich alle zehn Minuten da hindurch zur Toilette musste. Es war schlimm. Am nächsten Morgen ging es mir nur etwas besser.
Der Piccolo servierte mir einen schwarzen Kaffee. Der bekam mir wesentlich besser als die süddeutsche Medizin.
Von dort ging es über den Wurzenpass nach Laibach rüber. Wir besichtigten natürlich die dortigen Adelsberger Grotten. In Opatija fanden wir einen schönen Platz und stellten unser Zelt auf einen Platz nah am Meer auf. Hier machten wir ein paar Tage Pause. Ich konnte mich dann ganz erholen. Der feine Steinstrand war mir angenehmer als so mancher Sandstrand. Der Wind pustet mir den Sand immer in alle Poren, was ich nicht so angenehm finde.

Wir fanden heraus, dass das Wohnen in Hotels praktischer

und gar nicht so teuer war, wie wir zunächst annahmen. Die Zeltplätze lagen alle am Wasser und waren daher teurer als Hotels in der zweiten oder dritten Reihe. Außerdem waren wir morgens wieder schneller unterwegs, wenn wir nicht zelteten. So verbrachten wir auf dieser Reise manche angenehme Nacht in Hotelbetten.

In Opatija lernten wir einen Lebensmittelchemiker aus München kennen, Herrn Dr. Tänzler nebst Frau, die auf dem Zeltplatz neben uns campierten. Wir freundeten uns mit ihnen an. Immer wenn mein Mann kochte, und er kochte gerne und gut, machten sie sich ein Brot mit Marmelade und mümmelten darauf rum. Bis wir dahinter kamen, dass sie auf dem Rückweg ihrer Hochzeitsreise waren und ihr ganzes Geld fast restlos ausgegeben hatten. Von ihrem letzten Geld hatten sie den Zeltplatz bezahlt und den Rest in Brot und Marmelade investiert. Damit hielten sie sich über Wasser. Wir füttereten sie dann mit durch, bis wir weiter fuhren. Dafür luden sie uns ein, auf unserer Rückreise bei ihnen in München vorbeizukommen, was wir später auch tatsächlich machten. Wir konnten bei ihnen auf unseren Luftmatratzen im Wohnzimmer übernachten.

Wir fuhren langsam an der Küste Jugoslawiens entlang nach Süden. Damals wurde gerade die Küstenstraße neu gebaut. Teilweise wurde sie in den Fels gesprengt. Die Arbeiter saßen auf der Erde und schlugen dann die gesprengten Felsbrocken klein, bis sie für den Straßenbau als Schotter klein genug waren. Diese Straße wurde wirklich hart und mit viel Schweiß erarbeitet.
Hin und wieder mussten wir ins Gebirge fahren, wenn

an der Küste die Straße nur aus Geröll bestand und nicht passierbar wurde. Dann kamen wir mit der Bevölkerung in den abgelegenen Bergdörfern zusammen, die uns neugierig begafften und sich fragten, wer sich da zu ihnen verirrt hat. An der Küste war immer etwas mehr Komfort, den konnten wir in den Bergen nicht finden. Wir sahen in Häuser, in denen lebten auf der einen Seite des Raumes die Kühe und auf der anderen Seite die Menschen. Für beide gab es nur ein Strohlager. Wir waren mitten in Europa und doch auf einem anderen Stern.

Dann kamen wir nach Split. Es ist gesättigt mit Altertümern. In Brokat gehüllte Knochen, an die funkelnde Ringe gesteckt waren, ließen mich erschaudern. Innerhalb der Ruine des Palastes kann man sitzen und Tee trinken. Die Böden sind mit Marmor belegt, und alles ist gepflegt. Aber wehe, Sie gucken hinter die Kulissen: Da grauste es mir.

In Dubrovnik gefiel es mir gut. Die Altstadt ist ganz mit Marmor gepflastert. Als ich später nochmal während einer Schiffsreise wieder nach Dubrovnik kam, fiel mir auf, wie abgelaufen die ganzen Böden inzwischen waren. Das ist der Preis des Tourismus. Wer weiß, wie viel jetzt noch, nach dem Balkankrieg, vom Glanz Dubrovniks übrig ist.

In einem kleinen Nest am Meer blieben wir ein paar Tage in einem netten Hotel. Wir hatten eine kleine Terrasse direkt am Meer. Da stand jeden Morgen in der Früh ein Mann am Strand und schmauchte seine mächtige Großvaterpfeife. Dazu trug er einen Hut, Socken und feste Schuhe, aber ansonsten war er nackend. Befremdlich, wie es auf uns wirkte, war es doch ein Bild für die Götter. Wir hatten nicht gewusst, dass es ein FKK-Strand war!

Für uns war es üblich, sich nach dem Baden im Meer wieder einen trockenen Badeanzug anzuziehen. Nun hatte ich einmal nur noch einen trockenen, die anderen waren alle noch nass, und ich wollte auch nicht in die kalte Haut steigen. Mein Mann ermunterte mich, doch ganz ohne Bekleidung baden zu gehen, wir hatten es ja nicht weit von unserer Terrasse aus. Außerdem glaubten wir, niemand beobachte uns hier. Da mein Mann auch mitkam, machten wir es so. Am Abend saßen wir wieder auf unserer kleinen Terrasse, tranken einen leckeren Wein und schwatzten miteinander. Jeder der anderen Gäste, die vorbeikamen bei ihrem Abendspaziergang am Strand, grüßte uns heute Abend besonders höflich. Da wussten wir, dass wir nicht unbemerkt geblieben waren! Nun fühlten wir uns in die Gemeinschaft der anderen Gäste aufgenommen.

In Kotor sind wir auch ein paar Tage geblieben. Einfach weil wir kein Geld mehr hatten und warten mussten, bis wir Währung tauschen konnten. Von da aus ging es dann nach Miluçer. Hier gibt es eine vorgelagerte Insel, zu der ein Damm führt. An diesem Küstenstreifen gibt es wunderschöne Hotels und fantastische Gärten. Eines davon gehörte einmal einem angeheirateten Onkel aus meiner Familie mütterlicherseits, und ich war als Kind schon mal hier zu Besuch. Eine alte Bedienstete erkannte mich wieder und tratschte herum, wer ich war. Danach kam ich mir dort vor wie eine Prinzessin. Wohin ich auch ging, immer war irgendein Bediensteter da, der mir die Zeitung nach-

trug oder einen Liegestuhl hinschob. Es war wie im Film, nur lange halte ich das auch nicht aus. Ich konnte nicht lange auf diesem Parkett tanzen. Mein Mann fühlte sich auch reichlich deplaziert. Unter den Gästen waren Regierungsmitglieder aus Jugoslawien, ein englischer Diplomat und ein Habsburger. Wir mussten weiter.

Wir fuhren rauf nach Cetinje. Dies war ein alter Königssitz von Montenegro. Es ging den Lovcen rauf auf 2000 Meter. Auf dieser Fahrt hatten wir Wölfe am Wagen. Wenn wir gerade dachten, wir hatten sie mit unserem kleinen Auto abgehängt, kam die nächste Kehre, und dann standen sie wieder da und fletschten die Zähne. Es waren eigentlich schöne Tiere, nur hatten sie mir entschieden zu viel Hunger. Die Straße war so schmal, dass sich kaum zwei Wagen begegnen konnten. Ich betete, dass uns niemand entgegenkam und wir anhalten mussten. Es ging gut, und wir kamen oben im Bergdorf an. Die Wölfe folgten uns nicht ins Dorf.

Mein Mann wollte erst einmal Pause machen und steuerte das Grandhotel an. An der Rezeption saß ein Mädchen mit wunderbaren blau-schwarzen Haaren und war dabei, diese zu entlausen. – Knack! – Welch ein Unterschied zu dem fürstlichen Hotel an der Küste! Wir nahmen uns ein Zimmer, und ein Mann führte uns nach oben. Als er die Zimmertür öffnete, fiel im selben Moment die Schranktür raus. Die Fenster waren Doppelfenster mit kleinen Scheibchen. Sie waren so raffiniert kaputt, dass entweder die Außenscheibe ganz war und die Innenscheibe mit Pappe zugeklebt war, oder umgekehrt. Wir überlegten, was wir tun sollten. Wir wollten nicht unbedingt hier bleiben. Wegen der Wölfe war uns aber ein Zeltplatz auch nicht geheuer. Ich musste mal dringend und suchte nach der Toilette. Am Ende eines Flures fand ich einen Kübel, aber schon den Gang entlang lagen mehrere Haufen. Als ich das Mädchen an der Rezeption fragte, was ich denn da machen sollte, sagte sie mir mit Händen und Füßen, ich müsse hinaus in den Wald, um mein Geschäft zu erledigen.
Mein Mann ist nicht leicht aus der Fassung zu bringen, aber hier grauste es selbst ihn. Wir gingen durch den Ort auf der Suche nach einem Restaurant. Wir kamen an eine Art Marktplatz. Da wurden Jacken mit großen Löchern gegen solche mit Flicken getauscht. Ein Huhn war die Zugabe. Ein anderer Mann hatte sich ein Lamm um die Schultern

gehängt. Er brauchte Hosen und Schuhe, alte natürlich. Oder es wurden drei Hühner und ein Hahn gegen eine Karre getauscht. Es war unwahrscheinlich. Alles lachte dabei, schrie und klatschte sich gegenseitig auf die Schultern. Wir sahen eine ganze Reihe von muselmanisch aussehenden Gestalten. Als Atatürk die Verschleierung der Frau abgeschafft hat, haben das nicht unbedingt alle seine Landsleute in entfernteren Gegenden mitbekommen wollen. So sind sie ausgewandert. Voilà! Hier sind sie. Wir fühlten uns ins tiefste Mittelalter zurückversetzt, aber mit deutlich türkischer Prägung.

Wir fanden nichts zu essen. Zurück in unserem Hotel trafen wir in der Eingangshalle vier Deutsche, die sich hier schon auskannten. Sie meinten, es wäre hier nur leicht besäuselt auszuhalten und der gute Rotwein in dieser Gegend wäre dabei sehr hilfreich. Sie zeigten uns ein kleines Kellergewölbe, in dem in einer Art Ausschank auch gekocht wurde. Es gab französische Küche, und zwar vom Feinsten! Noch nie bekamen wir soviele exquisite Käsesorten angeboten wie hier. Leicht besäuselt verließen wir das Etablissement und wussten nun, was diese vier meinten.

Zurück im Hotel klemmte mein Mann einen Stuhl unter die Türklinke. Seine Dienstpistole legte er griffbereit auf den Nachttisch. In dieser Nacht schliefen wir nicht allzu viel. Wir nahmen uns fest vor, das nächste Mal auf ein Hotel dieser Art zu verzichten und lieber wieder zu zelten. Der nächste Rastplatz war dann kurz vor Sarajevo.

Die Batterie unseres Autos machte langsam schlapp. Wir lernten einen Deutschen kennen, der mit seiner Familie in einem umgebauten Lastwagen lebte und etwas von Autos verstand. Er machte uns nicht viel Hoffnung und empfahl uns, dringend nach einer Austauschbatterie Ausschau zu halten. Nun konnte man eine Autobatterie für einen VW nicht so wie bei uns an jeder Tankstelle kaufen. In Sarajevo zumindest wurden wir nicht fündig und hoppelten mit der altersschwachen Batterie weiter.

Irgendwo in den Bergen bekam mein Mann einen fürchterlichen Durst und suchte nach einem Restaurant oder einer Gastwirtschaft. Wir sahen ein Haus, vor dem standen eine ganze Reihe weißer Stühle und Tische, nur waren keine Gäste zu sehen. Wir setzten uns hoffnungsvoll an einen Tisch und es kam ein Mann aus dem Haus. Er grüßte uns mit einer tiefen Verneigung. Mein Mann versuchte ihm zu erklären, dass wir durstig seien und gerne einen Tee trinken würden. Der Mann verneigte sich erneut, ging aber nicht zurück ins Haus, sondern lief um das Haus herum irgendwo anders hin. Wir wussten nicht, ob er uns verstanden hatte und warteten ab. Nach zehn Minuten kam er wieder mit einem türkischen Messingteller, auf dem Tee, Gläser, Zucker und Milch standen. Dies stellte er vor uns hin und nahm sich auch einen Stuhl. Er sagte nichts und strahlte uns nur an. Wir tranken also unseren bestellten Tee. Als wir aufstehen wollten, nahm mein Mann sein Portemonnaie heraus. Da schimpfte der Mann in seiner Sprache, und ich war froh, dass ich nichts verstand. Mit Händen und Füßen bekamen wir dann heraus, dass dies ein ganz normales Haus war mit einer ganzen Reihe Sitzgelegenheiten zum abendlichen Nachbarschaftsplausch davor, aber keine Gastwirtschaft, für die wir es hielten. Wir waren einfach bei Privatleuten eingekehrt und hatten Tee bestellt! Da er keinen im Haus hatte, ist der gute Mann zu seinem Nachbarn geflitzt und hat besorgt, um was wir ihn gebeten hatten. Dies nun zu bezahlen war wirklich eine grobe Unhöflichkeit unsererseits, für die wir uns vielmals entschuldigen mussten.

Über Pec sind wir weitergefahren. Wir übernachteten dort in einem Hotel am Hauptplatz. Am nächsten Tag stellte mein Mann fest, dass er alle Papiere, Fotoapparat und Geld im Wagen gelassen hatte und der Wagen nicht abgeschlossen war. Um den Wagen stand am Abend ebenso wie am nächsten Morgen eine Traube von Menschen, um zu sehen, was das für ein Auto war. Aber im Wagen fehlte nichts! Das können Sie heute ja mal versuchen, damals ging das noch unbedenklich.

Weiter ging es in Richtung Griechenland nach Petric. Der Bürgersteig in Petric war eigentlich gar kein Bürgersteig, sondern ein schlammiger Morast. In diesem Schlamm saßen verhüllte muslimische Frauen. Ihre Brüste rauszuholen, um die Kinder zu nähren, war anscheinend nicht so schlimm, wie ihr Gesicht zu enthüllen. Ich beobachtete eine Frau dabei. Sie holte ihr Kind vom Rücken und legte es in den Matsch, während sie mit ihrer umfangreichen Kleidung hantierte. Dann holte sie ihre Brust heraus, nahm das vermatschte Kind, stopfte ihm die Brust in den verschmierten Mund und ließ es trinken. Anschließend wurde das völlig verschmutzte Kind wieder auf den Rücken

gebunden. Ich habe mich gefragt, wie diese Menschen überhaupt ohne Seuchen überlebten. Aber die werden im Dreck groß, und wer das aushält und übrig bleibt, dem kann gar nichts mehr passieren.

Von Petric aus kamen wir zu den Griechen. Dort bekamen wir gleich an der Grenze griechische Drachmen und mussten nicht mehr wie in Jugoslawien zittern, wo und wann wir eine Gelegenheit zum Geldtausch finden würden.
Wir fuhren weiter nach Thessaloniki und fanden einen wunderschönen Zeltplatz. Als wir dann das erste Mal in die Stadt fuhren, gingen wir als erstes zur Post und fragten nach Briefen, die uns postlagernd hierhin gesandt werden sollten. Während wir unsere Briefe lasen, sprach uns ein Grieche an, der gut Deutsch sprach, weil er ein paar Jah-

re in Köln gearbeitet hatte. Wir fragten ihn nach einer Autowerkstatt, und er empfahl uns eine, bei der wir versuchen konnten, unsere defekte Batterie reparieren zu lassen. Da er nichts anderes vorhatte, zeigte er uns den Weg. Wir fuhren gemeinsam mit ihm dorthin, bekamen erst einmal einen Tee angeboten und genossen die Gastfreundschaft und Freundlichkeit der Griechen. Es würde wohl ein bisschen dauern, sagte man uns, und empahl uns gleich eine Weinhandlung in der Nähe, die wir in der Zwischenzeit besichtigen könnten. Es war ein sehr großer Weinhändler, der uns einlud, mit kleinen Probiergläschen die verschiedensten Sorten in seinem unermesslichen Keller zu probieren. Nach fünf Gläschen konnte ich nicht mehr, aber mein Mann und der Grieche vertrugen einiges mehr. Es waren sehr gute und schwere Weine, die uns ausgezeichnet mundeten.

Inzwischen hatte die Werkstatt die Batterie auseinander genommen und die defekten Lamellen innen ersetzt. Nachdem sie mit Wasser aufgefüllt und geladen wurde, funktionierte sie wieder einwandfrei und begleitete uns ohne Probleme für den Rest des Urlaubs. Diese Leute hatten Einfallsreichtum und wussten sich, und damit uns, zu helfen. Ich staunte, wie viel Lust sie hatten zu arbeiten und spürte den Spaß am Leben, den sie ausstrahlten. Sie waren glücklich. In Deutschland war es immer noch mühsam; der Krieg saß den Leuten auch in den Fünfzigerjahren noch in den Knochen. Wie wohltuend es war unter Griechen zu sein!

Unser Bekannter von der Post kam am nächsten Tag zu

unserem Zeltplatz und zeigte uns den ganzen Tag lang
Thessaloniki. Wir fuhren zu verschiedenen Aussichtspunk-
ten, von denen aus man die Schönheit der ganzen Stadt
überblicken konnte. Es gab auch eine Akropolis, die wir
besuchten, ebenso wie den weißen Turm. Gegen Abend
waren wir ganz oben auf dem Berg und sahen die Stadt
mit ihren Tausenden Lichtern wie ein glitzernder Halb-
mond um das Meer liegen. Als ich Jahre später mit meiner jüngsten Tochter nochmal dort war und ihr dies auch
zeigen wollte, hatte es sich verändert. Antennen und Sa-
telitenschüsseln veränderten das Bild und nahmen ihm
jede Schönheit.

Am nächsten Abend zeigte uns der Mann die Markthalle
von Thessaloniki. Wir traten durch eine kleine unscheinba-

re Tür ein und standen inmitten einer riesigen Halle, in der es alles an Lebensmitteln zu kaufen gab. Ganze Schweine hingen dort, und Fisch gab es in allen Variationen. An einem Stand konnte man sich verpflegen, und wir schlürften gemeinsam ein paar Austern.

Im hintersten Bereich des Marktes gab es einen Teil, in dem sich die Geschäftsleute erfreuten. Dort sah ich den ersten Bauchtanz meines Lebens. Die Griechen wurden schier wahnsinnig, als eine rassige Frau für sie tanzte. Sie zogen ihre Krawatten aus und schmissen sie auf die Bühne. Ebenso erging es den Tellern, von denen sie gegessen hatten. Unser griechischer Begleiter fragte uns: „Sollen wir auch mal mit den Tellern schmeißen?" Das taten die beiden Männer dann auch. Als die Rechnung kam, entdeckte mein Mann, dass ihm die beiden geschmissenen Teller kräftig berechnet wurden. Darauf erklärte uns der Grieche, dies wäre die einzige Bezahlung, die die Tänzerin bekäme. Die Teller sind an sich zwar sehr billig, aber da es das Honorar der Tänzerin war, kostete der Tellerschmiss mehr als die Reparatur unserer Autobatterie.

Am Nebentisch saß eine Gruppe griechischer Geschäftsleute, die miteinander redeten und öfter zu uns rüberschauten. Schließlich stand einer auf, kam zu uns an den Tisch und forderte mich zum Tanzen auf. Der Grieche erklärte mir flugs in Deutsch, dass dies in diesem Land nicht üblich sei und ich das nicht zu tun bräuchte. Dies kam mir entgegen, denn ich wollte gar nicht mit ihm tanzen. Ich antwortete also artig dem galanten Herrn und bat unseren Begleiter um seine Übersetzung, er müsse mich schon entschuldigen, aber ich sei hier zu Besuch in diesem Land und möchte mich den Sitten des Landes anpassen. Darauf ging am Nebentisch ein großes Palaver los. Der Herr schien eine Wette verloren zu haben und zückte einen Packen Geldscheine, den er auf den Tisch warf. Es war ein lustiger Abend, und wir kamen spätabends mit wankendem Auto wieder auf dem Zeltplatz an.

Einen Tag nutzten wir zu einem Abstecher nach Chalkidike. Diese Insel hat drei Finger. Auf einem liegt der Berg Athos. Um da hinaufgehen zu dürfen, brauchte man damals eine Genehmigung. Unten im Ort sagte man uns, Frauen dürften auf keinen Fall auf den Berg Athos hinauf. Sie dürfen höchstens mit einem Boot drumherumfahren und sich vom Meer aus diese berühmten Einsiedeleien am Berg ansehen.
Es sollte nicht einmal eine weibliche Ziege auf diesem Berg geben. Weil es keine Hühner gab, gab es auch keine Eier. Die Einsiedler kauften diese Dinge dazu. Sie hatten ganze Hänge von Wein, den sie anbauten und verkauften. Und jede Menge Bohnen. Ich nahm also das Boot und mein Mann erklomm bei sengender Hitze den Berg. Manchmal ist es gut, eine Frau zu sein.

Von Thessaloniki aus fuhren wir nach ein paar Tagen weiter nach Cavalla. Wir kannten in Aachen einen Studenten aus Cavalla in unserer Nachbarschaft. Wir besuchten dessen Eltern und brachten ihnen Geschenke und Briefe ihres Sohnes aus Deutschland mit. Wir fotografierten das neu geborene Baby der Familie, das er noch gar nicht kannte, damit wir ihm die Bilder in Deutschland zeigen konnten.

In Cavalla waren wir auf dem Markt und wollten Erdbeeren kaufen. Am Marktstand wollten sie uns eine ganze Kiste verkaufen, wie das wohl üblich war. Eine ganze Kiste war uns zuviel, wir wollten nur ein paar haben. Nun standen wir da und bekamen nicht ein paar von den so lecker aussehenden Früchten. Da kam uns wieder jemand zu Hilfe, der Deutsch sprach. Es war einer von den Zwischenhändlern, die den hier angebauten Tabak nach Deutschland exportierten. Er lud uns ein in seinen Club, dort bekamen wir als Nachtisch die ersehnten Erdbeeren. Wir erfuhren auch im Gespräch, dass die Erdbeeren auf dem Markt deshalb so teuer waren, weil die Holzkisten, in denen sie verpackt waren, mitverkauft wurden und recht teuer waren. Wenn sie uns ein paar verkauft hätten, wären sie den Rest nicht mehr losgeworden. So waren sie gar nicht interessiert, uns eine kleinere Menge zu verkaufen.

Wir fuhren weiter bis Edirne, der ersten türkischen Stadt auf unserer Route. An der Rezeption des Hotels fiel uns eine Postkarte auf. Wir erkannten darauf eindeutig das Aachener Rathaus. Auf unsere Nachfrage erfuhren wir, dass ein Türke, dessen Sohn in Aachen studierte, sich von ihm die Post in dieses Hotel senden ließ.

Für den Rückweg hatten wir uns die Route über Sofia ausgesucht, um nicht noch einmal über die jugoslawische Küstenroute fahren zu müssen. Über Bulgarien war es möglich, in nur vier Tagen Deutschland zu erreichen. Dazu brauchten wir allerdings ein Visum, welches von Westdeutschland aus nur über die DDR zu bekommen war. Das war teuer, und es war ungewiss, ob wir die Erlaubnis überhaupt bekommen würden. Mein Mann löste dies Problem anders. Er bewaffnete sich, kaum dass wir angekommen waren, mit einer guten Flasche Wein und einer Kiste Zigarren und besuchte das dortige Konsulat. Ich holte inzwischen die Post wie gewohnt beim örtlichen Postamt ab. So wanderte ich alleine den Weg vom Hotel zum Postamt. Die Kinder umringten mich, Türen gingen auf und Hausfrauen lugten heraus und bestaunten mich fremdes Wesen. Mir wurde bewusst, dass ich ein Perlonkleid trug, bei uns schon nicht mehr die allerneuste Mode, aber hier hatte man so etwas vermutlich noch nie gesehen. Höchstens mal in Modezeitschriften beim Friseur. So wurde ich eingehend begafft und schob eine Menschentraube mit mir. Einige lächelnde junge Frauen befühlten sogar den Stoff. Als ich bei der Post ankam, lag meine Post schon gestapelt da, die wussten schon Bescheid. Ich weiß bis heute nicht, wie das funktioniert, aber es funktioniert.

Edirne hat angeblich die schönste Moschee der Türkei. Am Eingang saßen zwei Leprakranke. So ein Elend vor einem Prachtbau hatte ich noch nie gesehen.

In Istanbul fanden wir sofort ein schönes Hotel und suchten erst gar keinen Zeltplatz. Im selben Hotel war eine deutsche Fußballmannschaft untergebracht, die gegen eine türkische Mannschaft ein Freundschaftsspiel bestritt. Es war sehr unruhig mit so vielen jungen Männern unter einem Dach, die ausgelassen feierten.
Es gab dort riesige Räume mit Duschen, etwa so groß wie

unsere heutigen Schwimmhallen, in denen ging es zu wie in einer Badeanstalt. Männlein und Weiblein, alle gingen da rein und duschten, auch Leute, die gar nicht zum Hotel gehörten. Es war ein reges Treiben. Mir blieb auch nichts anderes übrig, als dort öffentlich zu duschen, wenn ich mich waschen wollte.

Wir fuhren auf einem Schiff auf dem Bosporus die Küste entlang. Wir kamen an den ganzen Palästen, wie dem von Süleiman dem Prächtigen, vorbei. Kurz vor dem Schwarzen Meer war die Bootsfahrt in Sayer zu Ende. Der Markt in Sayer bestand damals nur aus alten, flachgeschlagenen Benzinkanistern, aus denen sich die Händler jämmerliche Buden gebaut hatten. Zwischen zwei Buden hingen Lumpen und spendeten spärlichen Schatten. So stellte ich

mir Slums vor, von denen ich in Büchern über Südamerika gelesen hatte. Aber nicht die Türkei. Dennoch erlebte ich die Menschen als fröhlich, freundlich, zuvorkommend und anscheinend glücklich.

Wenn man mal etwas anderes als Basare und Sehenswürdigkeiten besichtigen wollte, machte man es am besten so: Man hielt ein Taxi an, in dem schon jemand saß. Der Fahrer brachte erst die ersten Fahrgäste zu ihrem Ziel und sammelte unterwegs weitere Fahrgäste ein. Immer der nächste wurde dahin gebracht, wohin er wollte, und immer mehr hielten das Taxi an. Von einem Ende der Stadt zum anderen ging es, kreuz und quer. So konnte man eine ganze Weile durch die Straßen von Istanbul kutschiert werden und sich alles ansehen. Wollte man die Fahrt beenden, zahlte man nur den Preis vom Ausstieg des letzten Passagiers bis zu der Stelle, wo man selber ausstieg.

Eine andere Variante in Istanbul zu fahren, waren die kleinen Busse, Dolmus genannt. Die fuhren bestimmte Routen und waren vollgepfercht mit Menschen. Weil sich so viele Fahrgäste den Fahrpreis teilten, waren sie sehr günstig, und wir sahen etwas von der Stadt. Zum Laufen war Istanbul einfach zu groß und zu weitläufig. Und selber zu fahren hätte bedeutet, ständig aufzupassen in dem Verkehr und nichts von der Stadt zu sehen.

Einer der Dolmusfahrer war ein junger Mann, der in Kilyos wohnte, sehr gut Deutsch sprach und den wir näher kennen lernten. Per Zufall trafen wir ihn in Sayer wieder, und er nahm uns mit in seinen Ort, durch den er uns führte. Wir fanden den Ort und das Hotel dort fantastisch schön und entschieden uns, dort einige Tage zu verbringen. Mein Mann entdeckte eine türkische Backstube, in die er mich schleifte. Dort lagen und hingen Brote in so vielen unterschiedlichen Sorten, wie ich sie noch nie in dieser Vielfalt gesehen hatte. Umgerechnet kostete ein Brot zwei Pfennige. Dies war spottbillig. Die Türkei erstaunte uns immer wieder mit ihrem Reichtum und ihrer grenzenlosen Armut.

In einer Art Süßkramladen entdeckten wir einen Stand mit „Aachener Zucker". Wir kannten aus dem Aachener Spitzgäßchen einen Laden, in dem „Türkischer Zucker" angeboten wurde. Dies war ein roter Zucker, der mit Mandeln, Zimt und allerlei Gewürzen durchsetzt ist und auf das Rezept eines türkischen Mannes zurückging, der vor vielen Generationen bei seinen Reisen in Aachen hängen geblieben war. Wie wir erfuhren, hat diese „türkische Spezialität" dann ein junger Student aus der Türkei während seines Studienaufenthaltes in Aachen entdeckt und wieder in die Türkei gebracht. Dort bekam es dann einen neuen Namen und hieß nun fortan „Aachener Zucker".

In dem Hotel in Kilyos mieteten wir uns eine Dependance. Das waren Schlafgelegenheiten, Sitzgelegenheiten, eine Küche und einige Räume für insgesamt dreißig Personen. Es war das kleinste, was frei war, und da es auch so gut wie nichts kostete, konnten wir uns das leisten. In den benachbarten Dependancen waren ganze Großfamilien zum Wochenende untergebracht. Zu zweit hatten wir Platz im Überfluss. In den Räumen war alles vom Boden bis zur Decke verkachelt oder verspiegelt. Von außen sah

185

es durch das Salzwasser des Meeres stark angegriffen aus, aber von innen war es ein türkischer Traum.

Kilyos war damals ausgesprochen „in". Kaiserin Soraya hatte es durch ihre Aufenthalte dort bekannt gemacht.

Jeden Morgen kamen zwei Frauen, das „Putzgeschwader", um rein zu machen, was wir gar nicht schmutzig gemacht hatten.

Morgens früh saßen wir auf der kleinen Terrasse, die dazu gehörte, und tranken einen Kaffee, den ich in der dazugehörenden Küche gekocht hatte. Jeden Morgen sahen wir von dort zwei Bedienstete mit großen Kupfertabletts auf dem Kopf in einem leeren Bungalow verschwinden. Nach einer halben Stunde kamen sie heraus und das Tablett war leer. Wir beobachteten das jeden Morgen, aber beachteten es nicht weiter. Als mein Mann später die Rechnung bezahlte, fragte ihn der Portier an der Rezeption, wie uns das tägliche kleine „Dejeuner" geschmeckt habe, das im Preis mit inbegriffen war. Da dämmerte es meinem Mann, dass die beiden Kellner sich jeden Morgen in den leerstehenden Bungalow zurückzogen hatten, um unser Frühstück zu vertilgen. Mein Mann wollte schon den Mund aufmachen, überlegte es sich aber anders, und dankte für das ausgezeichnete Essen.

Typisch deutsch, wie wir sind, hat sich mein Mann am Strand in der Hitze eine Sandburg gebaut. Ich blieb im Schatten und betrachtete das Treiben von dort aus. Am Ende des Strandes entdeckte ich einen Mann mit einer Frau und einem Hund. Sie wanderten auf meinen Mann zu und quatschten ihn an. Wie sich herausstellte, war der Mann Richter am Bundesgerichtshof und auch mit seiner Frau hier in Urlaub. Er begrüßte meinen Mann mit den Worten:

„Sie können nur ein Deutscher sein!"

Mein Mann sagte: „Sie doch auch."

„Wieso?"

„Sie zuerst."

„Nur ein Deutscher kann bei dieser Hitze so verrückt sein und sich eine Burg bauen."

„Ja", gestand mein Mann ein, „und nun zu Ihnen. Nur ein Deutscher kann so verrückt sein, auf so eine Reise einen Hund mitzunehmen."

Mit diesem Paar haben wir uns sehr nett angefreundet. Es war überhaupt sehr einfach, Kontakte zu bekommen, weil es nur ganz wenige ausländische Touristen gab und wir uns gegenseitig schon von Weitem erkannten. Wenn wir auf der Straße ein entgegenkommendes nicht-türkisches Fahrzeug trafen, hielten wir an und plauderten ein paar Takte aus reiner Höflichkeit und Neugierde.

In Istanbul, wie auch in Sayer und Kilyos, kam jeden Tag ein Wagen und verteilte Trinkwasser. Zwei Flaschen gab es umsonst, wer mehr wollte, musste bezahlen. Das Wasser aus den Leitungen war nicht trinkbar, und wir hüteten uns davor. In unserem feudalen Hotel hatte ich einige dieser Wasserflaschen gut gekühlt im Eisfach liegen, und unsere neuen Bekannten kamen täglich mit Obst und ein paar frischen Zitronen vorbei. Den Zitronensaft mischten wir mit dem eiskalten Wasser zu einer köstlichen Limonade. So haben wir manchen Abend zusammen verbracht.

Manchmal fuhren wir über den Hügel nach Istanbul auf Besichtigungstour. Wir gingen in die Blaue Moschee, die Hagiasofia, in den Serail. Für letzteren brauchten wir einen ganzen Tag, um alles zu sehen. Ich sah den Harem und die feingeschnitzten Gitter, durch die die Frauen das Leben auf der anderen Seite des Raumes, in dem der Sultan residierte, beobachten konnten, ohne selbst gesehen zu werden. In einem Zimmer stellten sie hinter Glas eine Schüssel voll mit den tollsten Edelsteinen aus. Waffen wie Krummsäbel, Schwerter und alte Pistolen waren mit Gold eingelegt und mit Juwelen verziert. Ich bewunderte die alten Gewänder aus uralten Brokaten, die mit Perlen und Steinen bestickt waren. Mosaike verschönerten die Räume vom Boden bis zur Decke. Über mit Stuck verzierten Zwischenwänden strömte kühle Luft herein. Das war ein vortrefflicher Grund sich genau anzusehen, wie prunkvoll die türkischen Sultane zu leben verstanden.
Die Blaue Moschee machte ihrem Namen alle Ehre. Die Säulen waren mit blauen Mosaiken überzogen, die Böden mit blauen Teppichen ausgelegt und blaue Gewölbe bildeten die Decke. Dazu kam das Licht durch die in verschiedenen Blautönen gefärbten Glasfenster und tauchte das Ganze in ein faszinierendes Blau.
Wenn man den Dom zu Aachen kennt, hat man eine kleine Vorstellung davon, wie die Hagiasofia ausgesehen hat. Dazu muss man allerdings den Dom vom Eingang in der Krämerstraße aus betreten, wie es in den Dreißigerjahren üblich war. Dann sieht man nahezu dasselbe Oktogon mit

den Marmorsäulen, den Mosaikböden und -decken. Selbst das Marienbild über dem Eingang, dem „Drachenloch", wie die alten Aachener den Eingang nannten, ist ähnlich. Nur ist in Istanbul alles mindestens fünf Mal so groß.

Mit dem Vater des jungen Dolmusfahrers fuhren wir eines Morgens um drei Uhr raus auf das Meer zum Fischen. Wir dachten, das geht mit Netzen. Aber der alte Mann fischte mit einer Kordel, an die verschiedene Köder angebunden waren. Er fuhr langsam über das Wasser und holte von Zeit zu Zeit seine Kordel ein. Da hingen immer etliche Fische dran, oder Krebse oder Langusten, die er in einen Korb tat. Die Kordel wurde wieder mit Ködern bestückt und hinter dem Boot hergezogen. Es gab einen großen Fischreichtum, und er fing an diesem Morgen einen ganzen Korb voll. Er nahm sich, was er für seine Familie brauchte. Den Rest gab er einem Bekannten zum Verkauf auf dem Markt mit.

Natürlich wurden wir auch hier in diesem Dorf eingeladen, wie es uns immer wieder in der Türkei erging. Wir wurden so oft eingeladen und gastfreundlich bewirtet, dass wir manchmal einen Bogen um das Dorf machten, wenn wir etwas besichtigen wollten, um nicht so unhöflich sein zu müssen, eine Einladung abzulehnen. Denn es war unmöglich, durch das Dorf zu fahren, ohne angehalten und eingeladen zu werden.

Trotz aller Offenheit und Gastfreundlichkeit versteckten sie ihre Frauen und Töchter, sobald mein Mann auftauchte. Alle Frauen lugten nur neugierig hinter den Gardinen hervor, bedienten aber nicht und nahmen auch nicht an den Gesprächen teil. Die türkische Gesellschaft bestand für mich nur aus türkischen Männern. Frauen habe ich keine kennen gelernt.

Eigentlich wollten wir noch weiter, wir waren schon vierzehn Tage da. Es war nur schon sehr heiß, und ich wollte nicht mehr im Auto durch diese Hitze fahren. So entschieden wir uns, einen Flug nach Antalya zu buchen. Von Istanbul aus gingen damals dreimal täglich kleine Maschinen zwischen den beiden Orten hin und her.
Antalya war für mich so, als käme ich nach Hause. Die großen Boulevards, die Geschäfte, die Minarette, die Leute auf dem Basar. Ich bedaure es bis heute, dort nur einen einzigen Tag in meinem Leben gewesen zu sein.

Wir wollten aber langsam nach Hause, diesmal über den Autoputt durch Bulgarien. Zum Abschluss unserer Türkeireise wandelten wir nochmal einen Tag durch Istanbul.

Wie gewöhnlich gingen wir ein letztes Mal zur Post. Eine Stimme hinter mir sagte plötzlich: „Ich glaube, Sie haben was verloren!", und jemand reichte mir meinen Schal. Es war zwar sehr heiß, aber ich musste immer meinen Schal mitnehmen. Wenn man ein Heiligtum betreten wollte, musste der Kopf bedeckt sein. Es war der Oberrabbiner von Istanbul, der mir meinen Schal wiedergab und sich vorstellte. Er begleitete uns auf einem Spaziergang durch die Stadt bis zur Galata-Brücke. Am Bosporus trifft sich das Schwarze Meer mit dem Mittelmeer, dort treffen sich Asien und Europa.

Hier standen wir mit ihm, als er uns fragte: „Können Sie mir erklären, wie das in Deutschland passieren konnte?" Das können wir alle nicht erklären, die Verjagung und Ermordung der Juden. Wir wissen, wie es ist, wenn man die Schnauze halten muss. Das weiß heute kaum noch jemand aus der jungen Generation. Aber das erklärt nicht die Grausamkeit an hunderttausenden Menschen.